MARCO POLO

Flandern

Antwerpen
Brügge · Gent

Reisen mit Insider Tipps

Diesen Führer schrieb Siggi Weidemann. Die Aktualisierung übernahm Elsbeth Gugger. Sie ist Korrespondentin des Schweizer Radio DRS und lebt in Amsterdam. Den Auftakt schrieb Sven-Claude Bettinger.

marcopolo.de

Die aktuellsten Insider-Tipps finden Sie unter www.marcopolo.de, siehe auch Seite 102

MAIRS GEOGRAPHISCHER VERLAG

SYMBOLE

Insider Tipp **MARCO POLO INSIDER-TIPPS:**
Von unseren Autoren für Sie entdeckt

★ **MARCO POLO HIGHLIGHTS:**
Alles, was Sie in Flandern kennen sollten

HIER HABEN SIE EINE SCHÖNE AUSSICHT

WO SIE JUNGE LEUTE TREFFEN

PREISKATEGORIEN

Hotels		Restaurants	
€€€	über 120 Euro	€€€	über 25 Euro
€€	70–120 Euro	€€	15–25 Euro
€	bis 70 Euro	€	bis 15 Euro

Die Preise gelten für ein Doppelzimmer mit Frühstück.

Die Preise gelten für ein einfaches dreigängiges Menü.

KARTEN

[114 A1] Seitenzahlen und Koordinaten für den Reiseatlas Flandern

Karten zu Antwerpen, Brügge und Gent finden Sie im hinteren Umschlag.

Zu Ihrer Orientierung sind auch die Orte mit Koordinaten versehen, die nicht im Reiseatlas eingetragen sind.

GUT ZU WISSEN

INHALT

Die wichtigsten MARCO POLO Highlights

Sehenswürdigkeiten, Orte und Erlebnisse, die Sie nicht verpassen sollten

1 Grote Markt in Antwerpen
Auf dem Marktplatz von Antwerpen gruppieren sich Gildenhäuser mit verzierten Treppengiebeln rund um das Renaissance-Rathaus (Seite 28)

2 Onze Lieve Vrouwekathedraal in Antwerpen
Die imposante Liebfrauenkathedrale ist die größte, ihr zierlich wirkender Nordturm der höchste des Landes (Seite 30)

3 Vogelmarkt in Antwerpen
Am Sonntagmorgen wechseln auf dem traditionellen Vogelmarkt in Antwerpen nicht nur Papageien und Wellensittiche den Besitzer (Seite 34)

4 Lier
In der charmanten Provinzstadt mit vielen mittelalterlichen Gebäuden schrieb Felix Timmermans seinen »Pallieter« (Seite 36)

5 Mechelen
Nirgends klingen die Glöckchen süßer als in dem alten Bischofssitz (Seite 37)

6 Grand' Place/Grote Markt in Brüssel
Der Marktplatz aus dem 17. Jh. ist das geografische, historische und kommerzielle Zentrum der Stadt (Seite 43)

7 Königliche Kunstmuseen in Brüssel
Alte und neue Kunst, auf acht Stockwerke verteilt. Kein anderes Museum zeigt so viele flämische Gemälde (Seite 44)

Auf der Grand' Place in Brüssel

Am Antwerpener Grote Markt

Grachtenstimmung in Brügge

8 Leuven
Die Atmosphäre der traditionellen Universitätsstadt ist durch die Studenten und die vielen Cafés geprägt (Seite 47)

9 Historische Innenstadt von Brügge
Das größte Openairmuseum Belgiens bietet eine Attraktion nach der anderen (Seite 52)

10 Damme
In der ehemals großen Handelsstadt erinnert das mittelalterliche Rathaus an die glanzvolle Vergangenheit (Seite 57)

11 Heuvelland
An der Grenze zu Frankreich unterbrechen sanfte Hügel die ebene Landschaft, Wanderwege verbinden malerische Dörfer miteinander (Seite 58)

12 Sint-Baafskathedraal in Gent
In der Genter Hauptkirche sind die Augen der Besucher hauptsächlich auf den Altar der Brüder van Eyck gerichtet (Seite 69)

13 Oudenaarde
Alte Stadt in den flämischen Ardennen mit großer Tradition in der Gobelinherstellung (Seite 73)

14 Bokrijk
Auf dem Gelände der Domäne befindet sich das wichtigste Freilicht-Volkskundemuseum Belgiens (Seite 75)

15 Maaseik
Maasländische Renaissance bestimmt das Stadtbild. Wer genug von alter Architektur hat, macht eine Flussfahrt auf der Maas (Seite 79)

★ *Die Highlights sind in der Karte auf dem hinteren Umschlag eingetragen*

Bistro
AMADEUS
restaurant

Entdecken Sie Flandern!

Stolze Städte und liebliche Landschaften, alte Traditionen und jüngste Avantgarde bilden aparte Kontraste

Flandern. Kaum fällt der Name von Belgiens nördlichem Landesteil, da tauchen deutliche Vorstellungen auf. Städte mit wuchtigen Rathaustürmen, den Belfrieden (niederländisch Belforts) und mächtigen Kirchtürmen, netten Glockenspielen und beschaulichen Beginenhöfen, lebhaften Marktplätzen und Museen voller Meisterwerke von Künstlern wie Hans Memling, Hubert und Jan van Eyck, Peter Paul Rubens und Anthonis van Dyck. Eine Küste, wo Gastfreundschaft das miese Wetter ausgleicht. Dazu romanisch angehauchte, überschäumende Lebenslust, die sich in farbenprächtigen Umzügen, ausgelassenen Festen und kulinarischen Genüssen äußert.

Dieses Bild stimmt zwar, aber bei näherem Hinsehen fallen viele, starke Kontraste auf: Zwischen Städten und Landschaften, Alt und Neu. Nicht umsonst führt bereits der Begriff Flandern etwas in die Irre. Erst im 19. Jh. setzte er sich zur Umschreibung der ganzen Region durch. Historisch deckt er ein Stück der alten Grafschaft Flandern im

Behaglichkeit mit farbigen Fassaden: die Langestraat in Brügge

Strandtag in Blankenberge

Westen, ein Stück des früheren Herzogtums Brabant in der Mitte und einen Flickenteppich der ehemaligen Fürstentümer Lüttich, Limburg und Loon im Osten ab. Allerdings trotzten überall reiche Bürger den adligen Herren weitgehende Freiheitsrechte für ihre mächtigen Städte ab. Geblieben ist davon bis heute ein ausgeprägter Kirchturmsgeist. Levantinische Diamanthändler in Antwerpen, Touristenmassen in Brügge, Studenten aus aller Welt in Leuven hin oder her – Flamen sind *honkvast,* Kinder ihrer Stadt oder ihres Dorfes. Nur selten ziehen sie um, durchweg pendeln sie zu weiter entfernten Arbeitsplätzen. Zum Lokalpatriotismus gehört eine Palette unterschiedlicher Zungenschläge.

Geschichtstabelle

450 v Chr. Kelten besiedeln Flandern

57 v. Chr. Cäsar besiegt die Belgier

54 v. Chr. Ambiorix besiegt die römischen Legionen

5. Jh. Die Franken erobern das Land

789 Karl der Große regiert von Aachen aus

11. Juli 1302 In der Schlacht der »Goldenen Sporen« bei Kortrijk besiegt ein Heer von Bürgern und Bauern eine Armee von französischen Rittern (Nationalgedenktag)

1337 Beginn des 100-jährigen Krieges

1396 Flandern fällt durch Heirat an Burgund

1477 Maria von Burgund heiratet Maximilian von Österreich; Flandern wird habsburgisch

1519 Karl V. wählt Brüssel zur Hauptstadt

1556 Das Land wird spanisch

1568–1648 80-jähriger Krieg der Spanier gegen die Niederlande, 1648 Teilung der Niederlande

1815 Wiener Kongress: Flandern wird Teil des Königreiches der Vereinigten nördlichen und südlichen Niederlande

1830 Belgien wird unabhängiges Königreich, Leopold I. von Sachsen-Coburg-Gotha erster König der Belgier

1893 Niederländisch wird neben Französisch zweite Landessprache

1914–1918 Belgien wird von deutschen Truppen besetzt

1940–1945 Belgien wird erneut von deutschen Truppen besetzt

1951 Baudouin wird mit 21 Jahren König der Belgier

1960 Belgisch-Kongo (heute Demokratische Republik Kongo) wird unabhängig. Sprachenstreit

1993 Belgien wird Bundesstaat, bestehend aus Flandern, Brüssel und Wallonien. König Baudouin stirbt, sein Bruder Albert II. wird sein Nachfolger

1998 Das Land war 1996 durch eine Reihe von Kindermorden aufgeschreckt worden; Regierungskrise wegen der »Dutroux-Affäre«, zwei Minister treten zurück

1999 Thronfolger Philippe heiratet Mathilde d'Udekem d' Akoz

2001 Geburt des ersten Kindes des Thronfolgerpaares, Prinzessin Elisabeth Thérèse Marie Hélène

Mit breiten, nasalen Lauten verkündet der Antwerpener *sinjoor*, dass seine *metropool* den Nabel der Welt bildet. Ganz anders präsentiert sich Brügge, verschlossen und wortkarg, so herb und rau wie der gutturale Klang des Dialekts, so unnahbar wie die immensen Türme und herrischen Backsteinfassaden. Freundlich und gemütlich stimmt dagegen Tongeren das Loblied auf die Römer an, die die Stadt gründeten. Weich, singend kommt das Niederländische über die Zunge, was wunderbar zu den *vlaaikes* genannten Obst- und Marmeladekuchen passt. Ein wenig weiter östlich empfängt Genk, eine der jüngsten Städte Belgiens, seine Besucher mit dem entwaffnenden Charme aller Kohlenpötte.

Etwas ganz Besonderes ist das Seebad Knokke. Im piekfeinen Ortsteil Het Zoute tummeln sich Brüssels Adel, Wirtschaftsbosse und Jeunesse dorée, die ganz selbstverständlich französisch parlieren. Die Küste: Wie eine neue Version der Maginotlinie ragen die Appartementblöcke auf, die letzten Dünen zwischen den Badeorten fallen von weitem gar nicht mehr auf. Immer weiter fressen sich Neubauviertel und Campingplätze in die Polderlandschaft, die Autos verpesten die Luft. Aus Landschaft und Natur machen sich die Flamen wenig. Im Garten dulden sie nur selten Bäume.

» Kontraste zwischen Stadt und Land, Alt und Neu «

Mit dem Wirtschaftswunder der Nachkriegszeit wurde Flandern zusehends zersiedelt. In den Außenbezirken und Vororten der historischen Städte reihen sich an breiten Schnellstraßen Supermärkte, Niederlassungen großer Handelsket-

Nicht weit von Brügge liegt der alte Ort Damme in der flachen Landschaft

ten, Autowerkstätten, kleine Fabriken. Das ähnelt der amerikanischen Provinz. Wie die Industriellen der Gründerzeit bauen sich die Vorstandsvorsitzenden von heute ihre protzigen Villen mit mehreren Garagen neben den Betrieb. Berühmt ist der Teppichboden-Boulevard an der Autobahn Gent-Kortrijk. Pfiffige Unternehmer erfanden eine neue Webtechnik und eroberten damit die Weltmärkte. Ihren Reichtum stellen sie ungeniert zur Schau. Kortrijk, das Zentrum von Belgiens Texas, wartet mit vielen Luxusboutiquen auf, beim Pferderennen Waregem Koerse wird Ascot nachgeahmt. Ein paar Kilometer weiter rümpfen Flamen und Auswärtige insbesondere bei warmem Wetter die Nase. *Het stänkt,* man riecht die Massenzucht von Geflügel, Schweinen und Kälbern, die Herstellung von Futtermitteln, die Verarbeitung von Mist und die Gülle in den Gewässern.

»Es gibt in Flandern noch liebenswerte Fleckchen«

Allem Profitstreben und Laisserfaire zum Trotz gibt es in Flandern aber noch liebenswerte Fleckchen. Bei Knokke erstreckt sich das Zwin, ein ausgedehntes, sandiges Naturschutzgebiet, in dem zahlreiche Vögel brüten. Daran schließt sich eine romantische Polderlandschaft an, die schmale Kanäle und Sträßchen mit Kopfsteinpflaster durchziehen. Die Westhoek zwischen den monumentalen Städten Ypern und Veurne vermittelt ein Gefühl der Weite, aus der geradezu majestätisch der Kemmelberg aufragt. Doch stimmt die Gegend auch nachdenklich. Zahllose Soldatenfriedhöfe, vom imperialen englischen Tyne Cot bis zum innigen deutschen von Vladslo, mahnen an Millionen Gefallene des Ersten Weltkriegs. Das Verdronken Land van Saeftinghe, ein Wattgebiet im Schatten der Raffinerien, Chemiewerke und Kernkraftwerke im Antwerpener Hafen, offenbart die ganze Poesie des *plat pays,* das Jacques Brel in einem berühmten Chanson besang. Südlich von Gent liegen die lieblichen Auen und Laubwälder um die Künstlerkolonie Sint-Martens-Latem, im östlichen Haspengau zauberhaft blühende Obstgärten und hier und da gar Weinberge um hübsche Schlösser.

Nicht nur Flanderns Städte und Landschaften, auch Gebräuche und Lebensweisen sorgen für Kontraste. Moderne Wirtschaft hin oder her, alte Traditionen bleiben lebendig. In Brügge sorgt die Heiligblutprozession für intensive Momente, weltliche Feste wie die Gentse Feesten oder in Limburg der Karneval bringen ganze Gemeinschaften auf die Beine. In den Dörfern züchten Alt und Jung eifrig Brieftauben. Samstags werden sie in Lastwagen weit nach Frankreich gebracht, am Sonntag fliegen sie um die Wette zurück nach Hause. Eine andere beliebte Freizeitbeschäftigung ist der Radrennsport. Auch da wird über die Leistungen der *flandriens* ausgiebig an den Tresen diskutiert, wobei das Starkbier aus den örtlichen Brauereien in Strömen fließt.

Aber Flandern bietet ebenso aufregende Avantgarde. Die Pop- und Rockszene bringt jedes Jahr neue Gruppen hervor, die oft den Weg zur internationalen Spitze

Antwerpen – schwungvolle Metropole, aber auch Stadt zum Flanieren

schaffen. Festivals wie Rock Werchter bringen einheimischen Nachwuchs und internationale Stars zusammen. Antwerpens quirliges Nachtleben zieht am Wochenende viele Holländer an, in die Megadiskos bei Kortrijk strömen junge Franzosen aus dem benachbarten Großraum Lille.

Seit die »Antwerp Six« auf der Londoner Modemesse 1986 Furore machten, gehört ihre Mode fest zu Antwerpen und zu den Modeschauen von Mailand, New York und Paris. Scharen japanischer Touristen überspülen Modemuseum und -institut und die Boutiquen der Ann Demeulemeesters oder Dries Van Notens. Ebenso hat sich Kortrijk mit seiner »Biennale Interieur« zur Wallfahrtsstätte der Designer und Liebhaber von modernen Designmöbeln und -objekten gemausert.

» Alte Kulturlandschaft und aufregende Avantgarde «

Ausdruckstanz und experimentelles Theater gedeihen ebenfalls vorzüglich in der alten Städtelandschaft. Nicht weniger ist die zeitgenössische bildende Kunst ein wahrer Exportschlager. Wie einst die vornehmen Patrizier sammeln auch Flanderns Neureiche eifrig, längst nicht nur Einheimisches von Panamarenko oder Luc Tuymans, wie viele ausländische Galerien und Auktionshäuser wissen.

So merkwürdig es klingen mag: Gerade auf den künstlerischen und kulturellen Fortschritt wirkt sich der flämische Kirchturmsgeist segensreich aus. Jede Stadt, die auf sich hält, baut ihr Theater, Kunstmuseum, Kultur- oder Musikzentrum – nicht zuletzt auch zur Freude der Besucher. Entdecken Sie die alte Kulturlandschaft, versäumen Sie auf keinen Fall die Avantgarde!

Von Beginen und Lebenskünstlern

Mittelalterliche Baukunst, Malerei und Genussfähigkeit prägen das Land zwischen Brüssel und Nordsee

Abteien
Der Missionsbischof Sankt Amandus bekehrte im 8. Jh. die Region zum Christentum und gründete die ersten Abteien. Flanderns Klöster waren prägend für die Kultur des Landes. Bekannte Abteien sind Postel, Oudenaarde, Geraardsbergen und Sint Truiden.

Art nouveau
Der Art nouveau (englisch *modern style,* deutsch Jugendstil) war der letzte gemeinsame europäische Baustil, mit beeinflusst von drei belgischen Architekten: Victor Horta, Henry van de Velde und Paul Hankar. Auffallend ist die reiche Verwendung kostbarer Materialien wie Blattgold, Lack, Schildpatt, Glasuren und wertvoller Hölzer. In Gent und Antwerpen, vor allem aber in Brüssel sieht man heute noch eine Vielzahl von Gebäuden, Hotels, Restaurants, Blumenläden und Privathäusern im Stil des Art nouveau und des Art déco, dessen Name sich von der Ausstellung »Arts Décoratifs« ableitet, die 1925 in Paris stattfand.

Weltgrößte Ausstellung der bunten Bilder: Comic-Museum in Brüssel

Beginenhöfe
Es gibt sie immer noch, jene kleinen, von einer Mauer umgebenen Viertel in der Stadt. »Reiche der Stille« nannte man die Beginenhöfe, die allein stehenden Frauen ein eigenständiges Leben erlaubten, ohne ewige Gelübde der Keuschheit und des Gehorsams, wie sie die Nonnen ablegen mussten. Die Beginen, die erstmals im 12. Jh. Erwähnung fanden, lebten in einer Art autarker Wohngemeinschaften zusammen, in denen jedes Mitglied für sich selbst sorgte und einstand. Sie waren zumeist Damen von Stand, häufig Witwen von Rittern oder Kreuzfahrern oder auch Frauen, die sich der Verbindung mit einem ungeliebten Mann entzogen. Sie widmeten sich der Armenfürsorge und der Mädchenerziehung. Von den rund 70 Beginenhöfen, die im 17. Jh. ihre größte Zeit hatten, sind jene in Lier, Leuven, Gent, Kortrijk, Sint Truiden und Brügge erhalten geblieben. Sie und acht weitere Höfe stehen auf der Unesco-Liste des Weltkulturerbes.

Comics
Die gezeichneten Bilderstreifen, *bandes dessinées* oder kurz BD

Einer der wenigen noch erhaltenen Beginenhöfe ist in Kortrijk zu sehen

genannt, gelten in Belgien als die »neunte Kunst« und genießen entsprechendes Ansehen. Rund 60 Prozent aller europäischen Bildergeschichten werden hier hergestellt. Die bekanntesten Comic-Autoren sind Hergé (»Tim und Struppi«), Edgar Jacobs (»Blake & Mortimer«), Peyo (»Die Schlümpfe«) und Mortimer, der Schöpfer von Lucky Luke, dem fröhlichen Cowboy. Zur jungen Generation zählen Namen wie Ever Meulen, Schuiten, Comes und Kamagurka. Hier kennt jedes Kind »Suske en Wiske« von Willy Vandersteen. Die hiesige Wertschätzung der Sprechblasen zeigt auch das größte Comic-Museum der Welt in Brüssel.

Diamanten

An den vier Antwerpener Diamantenbörsen werden rund 55 Prozent des gesamten Welthandels an Diamanten abgewickelt; 2800 Händler gibt es dafür in Flandern. In den Börsensälen besiegelt man alle Geschäfte noch mit Handschlag. Eine offizielle Preisliste für die begehrten Steine (von deren Bewertungskriterien *Colour, Clarity, Cut* und *Carat* sich lediglich die Karate objektiv bestimmen lassen) gibt es nicht.

James Ensor

Gemeinsam mit René Magritte (1898–1967) und Paul Delvaux (1897–1994) gehört der exzentrische Oostender James Ensor (1860 bis 1949) zu den großen neuzeitlichen Malern des Landes. Ensor gilt als ein Vorläufer des Surrealismus. Er beeinflusste den Expressionisten Emil Nolde. Ensor liebte die pralle flämische Lebenslust, er selbst bezeichnete sich als *armchair traveller*, einen Reisenden, der nur in der Phantasie auf Reisen geht. 1942 ließ Ensor, inzwischen eine bekannte und sehr volkstümliche Gestalt in Oostende, seine eigene Todesanzeige drucken – der zum Baron geadelte Maler wollte noch zu Lebzeiten seine Nachrufe lesen.

Als er dann wirklich starb, wurde sein Begräbnis zum Staatsakt. Minister, Botschafter, Prälaten, Generäle, Kritiker, Freunde, Feinde und die Oostender Fischer folgten dem Sarg. Militärkapellen und Fanfarenkorps spielten, und es läuteten die Glocken der Stadt. »Es war eine einzige Maskerade«, beschreibt ein Augenzeuge den Aufzug, an dem der Schelm Ensor, Maler des Bildes »Einzug Christi in Brüssel«, sicher seinen Spaß gehabt hätte.

Europäische Union

Brüssel ist Verwaltungssitz der rund 375 Mio. Einwohnerinnen und Einwohner umfassenden Europäischen Union (EU). Offiziell existieren in der EU (und damit in Brüssel) elf Amtssprachen, doch in der Praxis sind Englisch und Französisch die Verkehrssprachen. Die Behörde zählt mehr als 20 000 Beamte. Das Verwaltungsbudget der EU-Kommission beträgt rund 3 Mrd. Euro. Die größte zukünftige Herausforderung für die 15 Mitgliedsländer zählende Staatengemeinschaft ist die Erweiterung mit voraussichtlich zehn osteuropäischen Ländern. Der Plan sieht vor, dass entsprechende Verträge bis Ende 2002 unterschrieben werden. Voraussichtlich ab 2004 sollen die Beitrittswilligen zu Vollmitgliedern werden.

Feinschmecker

Eingeweihte erleben Flandern als sinnliche Erfahrung. Hier sind Kunst und Küche bereits vor Jahrhunderten eine äußerst glückliche Symbiose eingegangen – das beweisen schon die bacchantischen Werke der flämischen Malerei: Da gibt es die fröhlichen Zecher, die üppigen Festgelage, die naschhaften Köchinnen, die ausgelassenen Hochzeiten, bei denen immer wieder Essen und Trinken eine herausragende Rolle spielen. Tatsächlich gibt es kaum einen Landstrich in Europa, in dem Gourmets so zu ihrem Recht kommen wie hier. Gourmets sind aber nicht nur diejenigen, die mit Kochmützen oder Sternen ausgezeichnete Feinschmeckerrestaurants frequentieren – sie bevölkern auch die einfachen Landgasthäuser. Genuss beschränkt sich im *plat pays*, dem platten Land zwischen Nordsee und Brüssel, nicht auf die mit Pommes frites servierten Miesmuscheln.

Glockenspiele

Beiaarden heißen hier zu Lande die Glockenspiele, deren Ursprünge bis ins Mittelalter zurückreichen. In Mechelen bedient Jo Haazen noch immer die 49 Glocken im Turm der Rombouts-Kathedrale (St. Romualt). Berühmt sind die Antwerpener Glockenkonzerte, die Tausende von Besuchern anziehen. Das »flämische Instrument« ist populär, und es gibt kaum eine Gemeinde, die auf die Attraktion eines Glockenspiels verzichten möchte. In der Königlichen Glöcknerschule zu Mechelen wird der Spielernachwuchs ausgebildet.

König Albert II.

Nach dem Tod von Baudouin, der am 31. Juli 1993 in seinem spanischen Feriendomizil an einem Herzschlag gestorben war, wurde unerwartet sein jüngerer Bruder Albert zum König der Belgier ernannt. Der mit 62 Jahren verstorbene Monarch, ein fleißiger, ernsthafter, katholischer, aber auch zurückgezogen lebender Mann, war den Belgiern ein Symbol der Menschlichkeit und Nächstenliebe. Sein Tod löste eine nationale Welle der Trauer aus. Der 62-jährige Albert II. gilt als lebenslustig, seine Vorliebe für schnelle Autos und durchzechte Nächte haben einst für Schlagzeilen gesorgt. Verheiratet ist Albert mit der Italienerin Paola Ruffo Di Calabria. Mit Albert II., dem sechsten König der Belgier, sind die Menschen zufrieden, und die neueste Umfrage bestätigte: Eine große Mehrheit der Belgier glaubt an die Zukunft der Monarchie.

Mode und Design

Es fällt auf, dass in Flanderns Städten die Menschen im Allgemeinen sehr modisch gekleidet sind. Das hat seinen Grund: Nicht nur in den Modezentren von Europa, auch in New York, Hongkong oder Singapur sind belgische Mode und belgisches Design ein Begriff. Die berühmtesten und kreativsten Designer haben an der Akademie in Antwerpen studiert, zu deren Schülern schon Vincent van Gogh und Wilhelm Busch zählten. Bekannte Namen sind u. a. Ann Demeulenmeester, Josephus Thimister, Véronique Branquinho und Archie Pell.

Religion

Die römisch-katholische Konfession ist über die Jahrhunderte eng mit dem Leben in Flandern verbunden gewesen. In keinem anderen nordeuropäischen Land sind auch die steinernen Zeugnisse des Glaubens so zahlreich vertreten. Von der Taufe an über den Kindergarten, die Schule und die Universität bis zu Krankenhäusern und der Politik ist das gesamte öffentliche Leben mit katholischer Tradition verwoben. 83 Prozent der Bevölkerung sind Katholiken, und obwohl nur noch einer von fünf Belgiern zur Kirche geht, ist der organisierte Katholizismus noch spürbar im öffent-

Modeland Flandern: Auch in Leuven finden sich unentbehrliche Stücke

lichen Leben verankert. Ferner leben in Belgien 220 000 Moslems, 37 000 Juden und 20 000 Protestanten.

Sieben Meisterwerke

Sie alle repräsentieren Flanderns kulturelles Erbe des Mittelalters: Da ist zunächst der »Genter Altar« von Hubert und Jan van Eyck. Der aus 20 Eichenholztafeln bestehende Flügelaltar der Kathedrale St. Bavo in Gent beeindruckt durch seine Farbenfreude und Detailtreue. Mit ihrer Darstellung der »Anbetung des Lammes« haben die Künstler den Versuch unternommen, die christliche Erlösungslehre darzustellen. Ein herausragendes Kunstwerk ist auch der Ursulaschrein im Johanneshospital in Brügge. Die von Hans Memling geschaffenen Bilder erzählen vom Leben der heiligen Ursula, die nach einer Pilgerfahrt vor den Toren Kölns zusammen mit ihren 1100 Begleiterinnen das Martyrium erlitt. Zu den Meisterwerken der Malerei zählt ferner die »Landschaft mit dem Sturz des Ikarus« von Pieter Breughel d. Ä. in den Königlichen Museen für Schöne Künste in Brüssel. Das zwischen 1555 und 1563 entstandene Werk offenbart sich als Mikrokosmos geheimnisvoller Kräfte. Ebenfalls weltberühmt ist die »Kreuzaufrichtung« von Peter Paul Rubens in der Antwerpener Liebfrauenkathedrale. Weitere bedeutende Kunstwerke sind das Taufbecken von Renier de Huy in der St.-Bartholomäus-Kirche in Lüttich, der Marienschrein von Nikolaus von Verdun im Liebfrauendom von Verdun und der Kirchenschatz von Hugo d'Oignies im Kloster von Namur im wallonischen Teil Belgiens.

Sprachengrenze

Quer durch Belgien verläuft in ost-westlicher Richtung, von der französischen Grenze bis nach Aachen, die Sprachengrenze. Nördlich der Grenze wird Niederländisch (»Flämisch«) gesprochen, auf der anderen Seite Französisch (»Wallonisch«). Niederländischsprachig sind die Provinzen West- und Ostflandern, Antwerpen, Limburg und das nördliche Brabant. Die Provinz Brabant stellt einen Sonderfall dar: Sie besteht aus dem flämischen und dem wallonischen Brabant, und in ihr liegt das zweisprachige Brüssel. 1961/62 wurden die Sprachengrenzen offiziell festgeschrieben, was den Streit nicht beigelegt hat. Der Sprachenstreit hat in der Vergangenheit zahlreiche Regierungen zu Fall gebracht. Irritationen gibt es beim Namen der Nordseeküste: Heißt sie »La côte Belge«, »Vlaamse kust«, oder ist »Belge Kust« oder »Vlaamse côte« besser? Politiker sind für »Vlaamse kust«, Touristiker plädieren für »Belgische Küste«.

Tapisserie

Die flämischen Wandteppiche (Gobelins) sind auffallend prächtig gewebte Bilder biblischen oder mythologischen Inhalts. Gobelins fehlten in keinem adeligen Haushalt. Brüssel, Oudenaarde und Tournai waren die wichtigsten Zentren flämischer Bildweberei. Flämische Weber arbeiteten in Holland, England und Italien. Peter Paul Rubens und andere flämische Maler entwarfen Vorlagen (Cartons) für die Wandteppiche. Im Refugiumhaus der Abtei von Tongerlo befindet sich die letzte Reparaturwerkstatt für Gobelins, die Königliche Manufaktur Gaspard De Wit.

Flandern, ein Schlemmerland

Die reichhaltige und gute flämische Küche macht selbst die Franzosen neidisch

Wer nach Flandern fährt, unternimmt auch eine gastronomische Reise. Alle Flamen essen gern, sie lassen sich Zeit dazu und genießen am liebsten in großem Kreis. Sie sind wählerisch und dabei auch bereit, für gute Qualität entsprechend tief in die Tasche zu greifen. In Oostende, Brüssel, Brügge oder Antwerpen wird gleichermaßen ausgezeichnet gekocht, und der dortige Service setzt Maßstäbe. Essen muss ein Fest sein, vergleichbar einem Konzert mit dem Auftritt eines Virtuosen. Und an kulinarischer Virtuosität besteht kein Mangel, genießt doch ein Meisterkoch in Flandern mehr Ansehen als ein Minister.

Die Grundlage der flämischen Küche bilden in erster Linie die eigenen landwirtschaftlichen Erzeugnisse. Es sind qualitativ hochwertige Produkte, auf die Köche gern zurückgreifen. Der Fisch (Seezunge oder Scholle) kommt fangfrisch von Zeebrugge oder Oostende, die Muscheln, Austern und der Hummer aus dem benachbarten Zeeland. Hasen und Fasane liefert die eigene Jagd, das Gemüse kommt aus den eigenen Gärtnereien, das Fleisch von den Schweinen und Rindern des fetten Polderlandes oder aus Frankreich. Jedes empfehlenswerte Restaurant hält sich – und das ist Ehrensache – seine Hauslieferanten. Aber Vorsicht: Die Qualität hat wie gesagt ihren Preis, gutes Essen lassen sich die Menschen in Flandern etwas kosten.

Der Flame beginnt den Tag mit Brot und Schinken. Tagsüber löffelt er gern eine Suppe, in der Kerbel nicht fehlen darf. Die Kartoffel, gekocht, gebacken oder frittiert, ist wichtiger Bestandteil des Essens. Pommes frites werden fast zu jedem Essen gereicht. Flandern ist ein Suppen- und Pommes-frites-Land. Auffallend sind die zahlreichen Pommesbuden auf den Märkten und an den Straßen. Ja, es gibt sogar ein Gütesiegel für Pommes: Wenn Sie ein Logo mit dem Text *Navefri/Unafri* sehen, gehört dieser Verkäufer zur »Gilde der Fritturisten«.

Die Flamen trinken gern in Gesellschaft, daher sieht man sie auch oft in den Cafés. Ein Café ist eine Kneipe, in der man Bier und Genever trinkt und Kleinigkeiten wie ein Sandwich, eine Suppe oder auch selbst gebackenen Kuchen essen

Meeresfrüchte, frisch vom Markt in die flämischen Küchen

Flämische Spezialitäten

Lassen Sie sich diese Köstlichkeiten gut schmecken!

Aspergesoep – Spargelsuppe

Bloemkoolsoep met kaas – Blumenkohlsuppe mit Käse

Boerenhesp – mit Lorbeer, Gewürznelken und Zwiebeln geschmorter Schweinekopf

Brochet à la Gueuze – Hecht in Gueuze-Bier

Brood met bloedbeuling – Brot mit Blutwurst

Frikadellenkoek – belgischer Hamburger

Fritjes met mosselen – Muscheln mit Pommes frites, das belgische Nationalgericht

Gekookte uier – gekochtes Euter, wird kalt mit Brot gegessen

Gerookte Aardenner ham – geräucherter Ardenner Schinken

Gestoofte niertjes in Madeirasaus – geschmorte Nierchen in Madeirasauce

Hesp – Schinken

Hutsepot – Eintopf aus Schweinefleischresten mit Speck und Gemüse

Karakollen – Schnecken

Konijn met purimen – mit Pflaumen geschmortes Kaninchen

Paling in't groen – Aal mit Gewürzen, in Öl und Essig serviert

Paling gebraaden – in Fett schwimmend gebackener Aal

Preisoep – Lauchsuppe

Soupe de Brasseurs – Brauersuppe, mit Bier abgeschmeckte Gemüse- oder Fischsuppe

Tomatensoep met balletjes gehakt – Tomatensuppe mit Rindfleischklößchen

Uiensoep – Zwiebelsuppe

Vlaai – Früchtekuchen aus Brotteig, je nach Gegend mit Gelee oder Pudding übergossen

Vlaamse stoofkarbonade – in dunklem Bier geschmorte Karbonade. Das Gericht heißt auch Stoverij

Waterzooi – Kreuzung zwischen kräftiger Suppe und Eintopf, mit Fisch oder Huhn zubereitet

Witlof – Chicorée, eine der beliebtesten Gemüsesorten in Flandern

kann. Kaffee und Tee trinkt man am besten in der Cafeteria oder im *Salon de Thé.*

Kräuterliköre und Genever werden von den Flamen nicht verschmäht. Geradezu stolz sind sie aber auf ihre rund 300 Biere. Da gibt es Sorten mit so wohlklingenden Namen wie Koninck, »Strammer Heinrich«, «Verbotene Früchte« oder auch *Mort subite* (plötzlicher Tod). Da gibt es das bittersüße Duvel, das säuerliche Gueuze und die fünf »echten Trappistenbiere«. Einen sehr raffinierten Geschmack verkörpert das mit Kirschen gebraute Kriek, stark und kräftig mundet das Jahrgangsbier Hoegaarden Grand Cru.

Zur Trinkkultur zählt auch der Genever (*witteke* genannt, kleiner Weißer), ein Schnaps, der aus Wacholderbeeren und 42 Kräutern gebrannt wird und dessen Alkoholgehalt je nach Sorte zwischen 30 und 52 Prozent variiert. Die meisten Brennereien stehen in Limburg, Antwerpen und Ostflandern.

Die Gläser, in denen das leicht bittere und helldunkle Bier von Antwerpen, Koninck, ausgeschenkt wird, heißen *bolleke, pint* oder *fluit,* eine charmante Bedienung *een knap mokke.* Jemand, der zu viel getrunken hat, *heeft van Jan;* und wenn man selig und satt vom Tisch aufsteht, hat man *buiskens vol gebrast* – den Bauch voll. In Antwerpen sagt man, ein gutes Café sei ein Sanatorium für die Seele, der Bauch ein Altar.

In Flandern gibt es überall etwas zum Knabbern: Waffeln, gekochte Schnecken, Spekulatius, Pralinen. Brötchen mit Mandelgeschmack heißen *Amandelbroodje,* harte Brötchen mit Muskatblüten und

Märchenhafte Auswahl in einem Antwerpener Pralinengeschäft

Zimt *Mastellen.* Eine typische Nascherei aus Brügge sind *Babelutten,* Bonbons mit Toffeegeschmack, aus Gent kommen *Gentse mokken,* süße Plätzchen, und eine Spezialität aus Antwerpen sind *Antwerpse boterletters,* aus süßem Teig gebackene Buchstaben. Wer es etwas üppiger mag, hält sich zum Beispiel an *Glacé,* Blätterteig mit Sahnefüllung.

Vielleicht nascht man hier deshalb so gern, weil es einen so schönen Durst macht, den man dann in Wirtshäusern mit exzentrischen Namen gut löschen kann: *Het Elfde Gebot* (das elfte Gebot), *'t Slechte Geweten* (zum Schlechten Gewissen), *Den reddenden Engel* (Der rettende Engel), *De Zevende Hemel* (Der siebte Himmel) oder *'t Absolutie* (zur Absolution).

Juwelen, Spitze und Pralinen

Von alt bis edel: Auf Märkten, in Einkaufsstraßen und Spezialgeschäften finden Sie einfach alles

Die Märkte von Flandern zählen mit zum Schönsten, was europäische Städte zu bieten haben. Und ungewöhnlich sind sie alle, wie etwa Belgiens größter Trödelmarkt in Tongeren oder die Antiquitätenmärkte auf dem Grote Zavel in Brüssel, auf dem Vrijdagsmarkt und dem Groentenmarkt (Gemüsemarkt) von Gent. Mehr als hundert Märkte zählt Flandern – und alle haben Flair, sind Fundgruben, ein Fest fürs Auge, eine Motivsammlung für Fotografen und Videofilmer. Da herrscht kein Mangel, weder an Trödel noch an Exklusivem, es gibt Delikatessenläden hinter alten Fassaden, moderne Passagen, Warenhöfe. Es gibt einfach alles, ob in Handarbeit gefertigte Spitze, kostbare Wandteppiche, Brillantschmuck, liebenswerten Schund, Modisches, Kräuterlikör oder feine Pralinen, jene sündhaft schmackhaften, süßen Mitbringsel.

Die Boulevards, die Einkaufszentren in den Innenstädten von Brügge, Leuven, Mechelen, Kortrijk, Hasselt, Antwerpen und Brüssel sind eine gelungene Mischung aus Fachgeschäften, Cafeterias, Restaurants und Souvenirläden. Ein Bummel über Antwerpens Meir oder Keyserlei oder Brüssels Waterloolaan und Naamsestraat sei stellvertretend für all die vielen Einkaufsstraßen empfohlen. Und was gibt es von der Schokolade bis zu Diamanten nicht alles zu kaufen! Typisch flämische Produkte sind Spitzen *(kant)*, geklöppelte Kunstwerke. Belgische Mode, schöne Wäsche oder ausgefallene Schuhe sind so begehrt, dass man diese Produkte stolz mit dem Markenzeichen *dit is Belgisch* versieht.

Ein Souvenir kann selbstverständlich alles sein, doch am beliebtesten und dazu typisch flämisch sind: Schokolade, Pralinen, Spekulatius, Spielkarten, Brillanten, Spitze, Zinn, Kristall, Käse und die Spezialbiere mit den dazugehörigen Gläsern, deren oft sonderbare Namen Ausdruck des heiteren flämischen Lebensgefühls sind.

In Flandern gibt es keine festen Ladenschlusszeiten – so kann es sein, dass auch abends noch Geschäfte geöffnet haben. Allgemein gilt: Mo–Sa 10 bis 18 oder 19 Uhr, Freitagabend bis 20 oder 21 Uhr. Kleinere Einzelhändler, Metzger und Bäcker haben auch am Sonntagvormittag geöffnet.

Spitzenklöppelei ist eine alte Kunst

Feste, Events und mehr

Ob Karneval oder Hopfenfest:
In Flandern wird das ganze Jahr gefeiert

Gesetzliche Feiertage

1. Jan. *Neujahr; Ostermontag;* **1. Mai** *Tag der Arbeit; Christi Himmelfahrt; Pfingstmontag;* **11. Juli**

Beim Grachtenfestival in Brügge

Nationalgedenktag der Flamen; **21. Juli** *Nationalfeiertag;* **15. Aug.** *Mariä Himmelfahrt;* **1. Nov.** *Allerheiligen;* **11. Nov.** *Waffenstillstand;* **25./26. Dez.** *Weihnachten*
An diesen Tagen sind Geschäfte, Postämter und Banken geschlossen.

Feste und Veranstaltungen

Flandern kennt mehr als 800 Volksfeste, Umzüge, Musikfestspiele und kirchliche oder weltliche Dorffeiern. Eine Liste mit genauen Daten der verschiedenen Veranstaltungen bekommen Sie bei den jeweiligen Fremdenverkehrsbüros (Dienst voor Toerisme).

Februar

Flandern zählt ebenso wie Köln oder Mainz zu den Hochburgen des *Karnevals*. Weltruf genießt der *Ball der toten Ratten* im Kasino von *Oostende*, ein Großereignis mit 4000 Kostümierten.

April

Fest vom Goldenen Ei mit Wahl der Eikönigin in *Kruishouten* (drittletzte Woche)

Mai

Katzenfest in *Ypern (Ieper)* mit 1700 Musikanten, Tänzern und Spielern (zweiter Sonntag)

Mai/Juni

Insider Tipp *Heiligblutprozession* in *Brügge:* biblische Szenen in 27 Bildern und mit 2000 Laiendarstellern (Christi Himmelfahrt)

Juni

Am *Tag des Glockenspiels* spielen alle flämischen Glöckner in ihren Städten (dritter Sonntag)

Juli

Internationales Cartoonfestival in *Knokke-Heist* (in verschiedenen Monaten, in manchen Jahren schon ab Juni, manchmal erst im August)

★ *Ommegang* (Umzug) auf der Grand' Place in *Brüssel* zur Erinnerung an den Einzug Kaiser Karls V. im Jahr 1549 (erste Juliwoche)

Rock Werchter: größtes Rockfestival in Belgien (erstes Wochenende)

De Gentse Feesten: zehntägiges Stadtfest in Gent (dritte Woche)

August

★ *Festival van Vlaanderen* in *Brüssel* mit mehr als 100 Aufführungen

Folkfestival in *Dranouter* mit Bands aus aller Welt (erstes Wochenende)

Rubensmarkt in *Antwerpen:* Volksfest in der Altstadt, die Marktleute tragen Kostüme der Rubenszeit (15. Aug.)

Reie-Feest (Grachtenfestival) in *Brügge:* mehrtägiges Volksfest mit mittelalterlicher Atmosphäre, auf mehreren Bühnen werden Schauspiele zur Geschichte der Stadt aufgeführt (alle vier Jahre, das nächste Mal im Aug. 2004)

★ *Sandskulpturen-Festival* in *Zeebrugge* mit internationalen Sandkünstlern (Mitte Aug. bis Mitte Sept.), *www.zandsculpturen.com*

September

Open Monumentendag Vlaanderen: Tag der offenen Tür vieler Denkmäler in ganz Flandern (zweiter Sonntag)

★ *Hopfenfest* in der Hopfenmetropole *Poperinge:* Hier dreht sich alles um den Hopfen. Volksfest mit Spezialitäten der Gegend wie Hopfenkuchen oder Hopfensprossen – und natürlich Bier (drittes Wochenende)

Dezember

Weihnachtsmärkte in *Brügge, Gent, Hasselt, Lier, Leuven* oder *Antwerpen*

Rubensmarkt in Antwerpen

Eider
DE KONINCK
STELLA ARTOIS
MAES
De Post
MAES

Flanderns Tor zur Welt

Wo Diamanten gehandelt, Modetrends kreiert und kostbare Kunstschätze bewahrt werden

Das herausragende Merkmal der Provinz Antwerpen ist ihre Vielseitigkeit: Romantisch ist die Scheldelandschaft bei Mariekerke, einladend sind die idyllischen Ufer der Kleinen und Großen Nete, wo auch das hübsche Städtchen Lier liegt. Von hier sind es nur wenige Kilometer nach Brasschaat mit seinen Parkanlagen. Dann wieder beeindrucken die weiten Heideflächen und die dichten Wälder im dünn besiedelten Kempener Land. Die Kunst des Reisens besteht hier darin, Autobahnen und Schnellstraßen zu verlassen. Alleen führen zu dann schön gelegenen Weilern wie dem typisch flämischen Weert oder zur Norbertinerabtei Tongerlo. Man sieht Windmühlen und Bauerndörfer, eingebettet zwischen fruchtbaren Äckern, trockene Heide- und Sandflächen, Nadel- und Laubwälder: eine Provinz, ins rechte Licht gerückt durch den berühmten flämischen Lebenskünstler Pallieter von Felix Timmermans, durchschnitten von Kanälen und Straßen, mit Industrie an den Stadträndern und einer steingewordenen Geschichte. Ihre beiden wichtigsten Städte sind Flanderns Metropole Antwerpen und Mechelen, das zwar von weniger Touristen besucht wird als Antwerpen, aber gemütlich ist.

Die Gebäude am Grote Markt in Antwerpen sind eine Augenweide

Gildehäuser am Grote Markt in Antwerpen

ANTWERPEN

Karte in der hinteren Umschlagklappe

[117 D–E5] Das historische Antwerpen ist eine Stadt mit Schwung. Die Metropole Flanderns hat innovative Kraft, ist Europas drittgrößter Containerhafen sowie das wichtigste Diamantenzentrum der Welt und seit Jahren Hochburg der europäischen Modeszene. Mehr als 2 Mio. Übernachtungen werden jährlich gezählt, bei einer halben Million Einwohner. Der Hafenstadt sind

Gelassener Zeitvertreib in einem der vielen Antwerpener Cafés

fremde Völker vertraut, ihre Bürger haben einen weltoffenen Charakter. Auf den Märkten wird dies ebenso deutlich wie im Diamantenviertel. Antwerpens Judenviertel ging schon in die Literatur ein: Antwerpen ist die größte Talmudstadt Europas.

Antwerpens Liberalität hat Tradition. Die ersten Luther-Bibeln wurden hier gedruckt, im Zentrum der spanischen Macht notabene, und hier setzte man sich verbissen gegen die geistige Unterdrückung durch die Spanier zur Wehr. Hier konnte ein Künstler wie Peter Paul Rubens arbeiten, hier wandte man sich ebenso energisch gegen die calvinistischen Bilderstürmer wie gegen die deutsche Besatzung im Zweiten Weltkrieg. Zum städtischen Leben gehören heute rund 1800 Cafés und Restaurants, die flämisches Leben in seinen freundlichen und vertraulichen Augenblicken verkörpern.

SEHENSWERTES

Altstadt

Der historische Stadtkern erstreckt sich rund um die *Liebfrauenkathedrale*, den *Grote Markt* und den *Groenplaats* mit seinen zahlreichen Terrassencafés.

Ein städtebauliches Kleinod im Stil der Hochrenaissance ist der ★ Grote Markt mit seinen Gildehäusern und dem Rathaus (1561 bis 65). Unweit vom Markt befindet sich der *Vlaeykensgang*, ein winziger Steg aus dem 16. Jh. mit Bistro, Antiquitätenläden und Galerien.

Zwischen gotischem Fleischhaus (seit 1913 Museum für Stadtgeschichte) und Schelde entstanden nach der Zerstörung der Altstadt durch deutsche Raketen moderne Wohnbauten. In der *Oude Beurs Nr. 16* steht *Den Spieghel*, ein Kaufmannsturm.

Centraal Station

★ Der Hauptbahnhof zählt zu den eindrucksvollsten Denkmälern des Eisenzeitalters. Die 75 m hohe, gläserne Kuppel des neogotischen, 1895–1905 errichteten und inzwischen renovierten Gebäudes erinnert an ein antikes türkisches Badehaus. Ein besonderes Erlebnis ist der Art-déco-Wartesaal mit Ausschank, in Gleishöhe links. *Koningin Astridplein*

Insider Tipp

Cogels-Osylei

Jugendstil und Barock, Oper und Kammerspiel – mit dieser und sechs weiteren Straßen im Viertel Zurenborg hat sich die Stadt ein Denkmal in der Architektur gesetzt. Die wundervollen Gebäude aus dem Fin de Siècle sind renoviert und begehrte Adressen. *Cogels-Osylei 54–68, am Bahnhof Berchem, Tram 11*

Judenviertel

In der Gegend am Bahnhof lebt die größte jüdische Gemeinschaft Europas. Im »Jerusalem an der Schelde« – ein Stück jüdisches Osteuropa und zugleich orthodoxes Jerusalem – wohnen die Chassidim, die frömmsten Juden. Bedenken Sie, dass es sich nicht um eine Sehenswürdigkeit wie andere handelt: Die Menschen mögen es nicht, wenn man sie fotografiert, und äußerst rücksichtsvolles Verhalten ist geboten. Am besten schließen Sie sich einem sachkundig geführten Spaziergang an. Führungen organisiert *Antwerpen Averechts, Tel. 03/248 15 77 (tgl. 10–15 Uhr), secretariaat@antwerpenaverechts.be.*

MARCO POLO Highlights »Antwerpen«

★ **Grote Markt in Antwerpen**
Der Marktplatz strahlt den Glanz von Antwerpens »Goldenem Jahrhundert« aus (Seite 28)

★ **Centraal Station in Antwerpen**
Eisenbahnpalast aus der Zeit, als Bahnfahren noch ein Erlebnis war (Seite 29)

★ **Onze Lieve Vrouwekathedraal in Antwerpen**
Die höchste und größte Kathedrale der gesamten »Niederen Lande« beherbergt monumentale Rubenswerke (Seite 30)

★ **Museum Plantin-Moretus**
In dem Druckereimuseum aus dem 16. Jh. stehen noch die alten Handpressen (Seite 32)

★ **Vogelmarkt in Antwerpen**
Der Flohmarkt ist ein Muss für Liebhaber von Gedränge und Gewusel (Seite 34)

★ **Lier**
Provinzstadt mit viel Charme und noch mehr Historie (Seite 36)

★ **Mechelen**
Die ehemalige Hauptstadt des Landes ist berühmt für ihre Glockenspiele (Seite 37)

Im Steen, der alten Burg Antwerpens, befindet sich das Schifffahrtsmuseum

Onze Lieve Vrouwekathedraal
★ Die Liebfrauenkathedrale, die größte Kirche mit dem höchsten Turm in den Beneluxländern wurde im Stil der Brabanter Gotik auf den Grundmauern einer romanischen Kirche errichtet. Im Chor der fünfschiffigen Basilika, die 16 000 Menschen Platz bietet, ist die »Kreuzaufrichtung« von Peter Paul Rubens zu sehen; das monumentale Triptychon war einst Teil einer Altararchitektur. Das Porträt der Maria Magdalena gehört zu den eindrucksvollsten Malereien. Über 600 Stufen führen zur Aussichtsplattform des 123 m hohen gotischen Turmes, der 1420–1521 errichtet wurde. Der zweite Turm konnte aus Geldmangel nicht vollendet werden. Montagabends erklingt ein Glockenspielkonzert – eine Attraktion für Tausende von Zuhörern. *Mo–Fr 10–17, Sa 10–15, So 13–16 Uhr, Eintritt 2 Euro, Handschoenmarkt*

Steen
Die 700 Jahre alte Burg beherbergt das *Schifffahrtsmuseum* der einst größten nordeuropäischen Hafenstadt. Die Burg gilt als Keimzelle Antwerpens. Von den Normannen im 9. Jh. zerstört, wurde sie 1200 und erneut um 1520 verstärkt, im 18. Jh. diente sie als Gefängnis. Der Steen liegt zwischen der Noorder- und Zuiderterras. Von hier aus hat man einen schönen Blick über die mächtige Schelde. Die architektonisch interessante Hafenfront ist Teil des Projektes »Stadt am Strom«. *Di–So 10 bis 17 Uhr, Eintritt 4 Euro, Steenplein*

MUSEEN

Die meisten Museen sind montags geschlossen, außerdem am 1./2. Jan., 1. Mai, Himmelfahrt und 1./2. Nov. sowie 25./26. Dez. Freitags ist der Eintritt in allen städtischen Museen Antwerpens gratis.

Diamantenmuseum

Wer sich für Brillanten interessiert, sollte einmal der Arbeit eines Diamantenschleifers zusehen. Die Geschichte der Schmucksteine und eine Kollektion von seltenen Kleinodien vervollständigen die Ausstellung. *Mai–30. Okt. Mo–So 10 bis 18 Uhr, Nov.–April Mo–So 10 17 Uhr, Eintritt frei, Dijksterhuis, Koningin Astridplein 19–23, www.diamantmuseum.be*

Freilichtmuseum Middelheim (Openluchtmuseum)

Vor den Toren der Stadt, inmitten einer 0,12 km² weiten Parkanlage, findet in ungeraden Jahren die Biennale für die Bildhauerkunst statt. Mehr als 300 Skulpturen, darunter Arbeiten von Henry Moore, Jean Arp, Barbara Hepworth und Alberto Giacometti, gibt es dann im Grünen zu bewundern. *Di–So 10–17 Uhr, Park im Sommer bis 20 Uhr, Eintritt frei, Middelheimlaan 61, Bus 17, 18, 26, 27, 32*

Königliches Museum der Schönen Künste (Koninklijk Museum van Schone Kunsten)

In dem wuchtigen Bau im Kolonialstil werden rund 1000 Werke alter Meister gezeigt, die eine Übersicht über 500 Jahre Malerei vermitteln, u. a. flämische Meister wie die Breughel-Familie, Hans Memling, Jan van Eyck, aber auch Peter Paul Rubens, Jacob Jordaens und Lucas Cranach. Vervollständigt wird die Sammlung durch rund 1500 Werke des 19. und 20. Jhs., darunter Arbeiten der belgischen Surrealisten und Expressionisten wie Constant Permeke, Rik Wouters und Paul Delvaux. *Di–So 10–17 Uhr, Eintritt 3,72 Euro, Leopold de Waelplaats, www.antwerpen.be/cultuur/kmska, Tram 8 (Museum)*

MoMu Modemuseum

In der Modemetropole gibt es seit September 2002 auch das passende Schaufenster. Die »ModeNatie« der Architektin Marie-José van Hee beherbergt das attraktive Modemuseum MoMu, das Flanders' Fashion Institute und die Modeabteilung der Kunsthochschule. Außerdem sind eine interessante Fachbuchhandlung und eine lebhafte Cafeteria vorhanden. *Di/Mi und Fr–So 10–18 Uhr, Do 10–21 Uhr, Eintritt 5 Euro, Nationalestraat 28*

Museum Mayer van den Bergh

Diese Privatsammlung im Stadtpalast des leidenschaftlichen Kunstsammlers ist schon wegen der Breughel-Kollektion sehenswert. Insider Tipp Bekanntheit genießt auch die Chris-

Im großen Park des Freilichtmuseums Middelheim

tus-Johannes-Gruppe, eine Darstellung im Geist der mittelalterlichen Mystik. Außerdem umfasst diese Sammlung kostbarer Exponate viele Skulpturen, Möbel, Goldschmiedearbeiten etc. *Tgl. 10–17 Uhr, Eintritt 4 Euro, Lange Gasthuisstraat 19, www.dma.be/cultuur/museum.mvdb, Tram 7, 8 (Oudaan)*

Museum Plantin-Moretus

★ Der Stadtpalast der Familie Plantin-Moretus, heute Druckereimuseum, zählt zu den eindrucksvollsten Häusern seiner Art. In einem prunkvollen Palast mit Innengarten (16. Jh.) sind Arbeits- und Wohnräume der berühmten Buchdruckerfamilie vereint. Die Räume beherbergen eine mit Leder ausgeschlagene Bibliothek und einen Drucksaal mit 16 Handpressen, auf denen jährlich 50 Neuerscheinungen gedruckt wurden. In der produktivsten Druckerei um 1560 wurden bekannte Werke wie die Gutenberg-Bibel und die *Biblia Regia* in fünf Sprachen gedruckt. Das Patrizierhaus birgt noch eine Schriftgießerei und eine Setzerei. Dort sieht man Familienporträts aus der Hand von Peter Paul Rubens, der ein Freund der Familie war, Kupferstiche, antike Möbel u. a. Sein 125-jähriges Bestehen feierte das Museum 2002 mit einer gründlichen Renovierung. *Di–So 10 bis 17 Uhr, Eintritt 4 Euro, Vrijdagsmarkt 22, www.antwerpen.be/cultuur/museum_plantinmoretus, Tram 10, 11 (Melkmarkt)*

Museum für zeitgenössische Kunst (MUHKA)

Das Haus bildet seit seiner Eröffnung das Zentrum eines Kunstviertels in Hafennähe. Das Museum zeigt über mehrere Stockwerke verteilt Kunstexponate der Neuzeit. Es finden regelmäßig internationale Ausstellungen statt. *Di–So 10 bis 17 Uhr, Eintritt 3,72 Euro, Leuvensestraat 32, Bus 1, 23 (Vlaamse Kaai)*

Rubenshaus (Rubenshuis)

Der in Westfalen geborene Maler Peter Paul Rubens brachte es in Antwerpen zu Ansehen und Reichtum. Sichtbares Zeichen seines Wohlstandes ist der barocke Stadtpalast, den er sich als bestbezahlter Maler seiner Zeit im italienischen Palazzostil erbauen ließ. In seiner Residenz lebte und arbeitete Rubens von 1610 bis zu seinem Tod 1640. Das geräumige Anwesen des Malerfürsten mit Innenhof und Galerien, mit intimen Wohnräumen und riesiger Werkstatt beeindruckt auch heute noch. *Di–So 10 bis 17 Uhr, Eintritt 5 Euro, Wapper 9–11, www.antwerpen.be/cultuur/rubenshuis, Tram 7, 8 (Oudaan)*

ESSEN & TRINKEN

De Foyer Insider Tipp

Stilvolle Brasserie im restaurierten Bourla. Gerichte vom Buffet, sonntags gibt es Brunch. Wer mag, kann sich auch einfach ein Baguette bestellen. Interieur von 1834 und grüne Palmen. *So abends geschl., Komedieplaats 18, Tel. 03/233 55 17, €–€€*

Grand Café Leroy

Ein Café, in dem man sich zum Frühstück, Lunch, Dinner oder einfach auf einen Kaffee oder ein Bier zusammensetzt. Treffpunkt junger Leute, hier ist fast immer etwas los, und eine Terrasse gibt es auch. *Kein*

Modischer Alltag

In der Modestadt Antwerpen wird auch Arbeitskleidung zum Dernier Cri

Die neueste Visitenkarte Antwerpens ist die von Modeguru Walter van Beirendonck entworfenen Berufskleidung für das städtische Personal. Die Arbeiter der Abfallbeseitigung, die Straßenarbeiter, Stadtgärtner und Handwerker wurden 2002 mit dem Designeroutfit ausgestattet. Die Grundfarbe ist Beige, kombiniert mit Gelb bei den Abfallarbeitern, Orange bei den Straßenarbeitern, Grün bei Stadtgärtnern und Bordeauxrot bei den Handwerkern. Die hypermodernen Overalls finden offenbar nicht nur bei den Trägern Begeisterung: »Nun will meine Tochter in meiner Arbeitskleidung ausgehen«, klagte ein Arbeiter.

Ruhetag, Kasteelpleinstraat 49, Tel. 03/226 11 99, €–€€

De Kerselaar

Fein und meisterlich: Fisch aus der Nordsee und die Desserts. *So geschl., Grote Pieter Potstraat 22, Tel. 03/233 59 69, €€€*

La Luna

Der Italiener ist trendy, hat eine charmante Bedienung und ein gutes Preis-Leistungs-Verhältnis. Flämisch-italienisch-asiatische Küche, originell und schmackhaft. Durchgestylt bis ins Detail. *Sa mittags, So und Mo geschl., Italiëlei 177, Tel. 03/232 23 44, €–€€*

Nouveau Zirk

Edelbistro der *jeunesse arrivée*, die ihr Lebensgefühl mit erlesenem Essen verfeinern will. *So geschl., Zirkstraat 29, Tel. 03/225 25 86, €€–€€€*

't Pakhuis

Hier fühlen sich die Gäste wohl, zum selbst gebrauten »Antwerps Blond« oder dem starken »Nen Bangelijk« isst man Landhausbrot mit Käse oder Schinken. *Kein Ruhetag, Vlaamse Kai 76, Tel. 03/238 12 40, €€*

EINKAUFEN

Antwerpen ist nicht nur das kulturelle Zentrum Flanderns, sondern auch Einkaufs-, Markt- und Modestadt. In der Innenstadt, in den Gassen und Fußgängerzonen, findet man kleine, vor allem feine Modegeschäfte und dazwischen immer wieder Antikläden, etwa in der *Steenhouwers-* und der *Lombardenvest*, rund um das Bourla-Theater, *Oudaan, Huidenvetters-* und *Jodenstraat* sowie am *Eiermarkt 13.* Das Haupteinkaufsgebiet liegt zwischen dem Bahnhof, der Keyserlei und dem Groenplaats. *Meir* ist die bekannteste, jahrmarktähnliche Geschäftsstraße mit Kaufhäusern und Boutiquen für den allgemeinen Geschmack. Das Shoppingzentrum ist überschaubar, und alles ist bequem zu Fuß erreichbar.

Märkte
Der bunteste und vielseitigste Markt, der so genannte ★ *Vogelmarkt (Oude Vaarts Plats, Theaterplein beim Rubenshaus)*, findet am Sonntagmorgen bis 13 Uhr statt. Am Samstag wird dort der *Warenmarkt* mit Gemüse, Käse, Obst und ausländischen Delikatessen abgehalten.

Trödel und Hausrat gibt es am Freitagmorgen auf dem *Vrijdagsmarkt*. In der *Sjacherbeurs (Sa und So 10–17 Uhr, Eintritt 1 Euro, Oude Vaart Plaats 18 am Theaterplein)* sind Hausrat, alte Schallplatten, Spielzeug und auch viel Kitsch zu finden.

ÜBERNACHTEN

Verschiedene Häuser bieten spezielle Arrangements oder Wochenendtarife an. Es gibt auch Bed & Breakfast *(Tel. 03/232 01 03, Fax 231 19 37)*.

Hilton
Insider Tipp Direkt im Zentrum liegt dieses Komforthotel. Terrasse auch für Nichthotelgäste. *211 Zi., Groenplaats 42, Tel. 03/204 12 12, Fax 204 12 13, www.hilton.com,* €€€

Rubens
Elegantes Stadtpalais unweit des Grote Markt, angenehme Zimmer, großzügiges Frühstücksbuffet, ruhig gelegen. *36 Zi., Oude Beurs 29, Tel. 03/222 48 48, Fax 225 19 40, www.hotelrubensantwerpen.be,* €€–€€€

International Youth Hotel
Eine Adresse für junge Leute. 70 Betten in Einzelzimmern sowie in Zimmern für zwei, vier oder acht Personen. *Provinciestraat 256, Tel. 03/230 05 22, Fax 281 09 33, www.niyh.be,* €

AM ABEND

Das Nachtleben konzentriert sich auf den *Groenplaats, Vlaams Kaai,* die Bahnhofsgegend (Vorsicht ist geboten), das »Schiffermannsquartier« der Altstadt sowie die *Pelgrim-* und *Hoogstraat*. An der *Stadswaag* finden Sie Kneipen und Jazzkeller. Urtypisch mit dem Stadtbier De Koninck ist *Den Engel (Grote Markt 3)*. Fast alle belgischen Biere gibt es im *Kulminator (Sa mittags und So geschl., Vleminckveld 32–34)*.

Bekannte Bühnen sind *Het Appeltje (Lange Nieuwstraat 81), Het Fakkeltheater (Hoogstraat 12, Konzerte), Elisabethzaal (Astridplein 26)* und *De Echte Antwaarpse Schouwburg (Arenbergstraat 8–10)*. *Bourla (Komedieplaats 18)*, das schönste Theater der Stadt, stammt aus dem Jahr 1834.

Karten für Vorstellungen bekommen Sie im *Kulturellen Informationszentrum (Grote Markt 40, Di–Fr 10–18 Uhr, Sa 12–17 Uhr, Tel. 03/220 81 11)*.

AUSKUNFT

Dienst voor Toerisme
Grote Markt 15, Tel. 03/232 01 03, Fax 231 19 37, www.dma.be

Bei einer *Schelderundfahrt* (ab *Steenplein*) hören Besucher Wissenswertes in vier Sprachen – allerdings von einer Kassette. *Mai/Juni und Sept. Di–So, Juli/Aug. tgl. sowie Okt. Sa und So jeweils 13, 14, 15 und 16 Uhr, Dauer 50 Minuten, 6,50 Euro*

Ab *Kaai 14,* bei der Londonbrug, startet ein Boot zur *Hafenrundfahrt.* Im Gegensatz zu den Schelderundfahrten gibt es bei dieser Tour Erklärungen in vier Sprachen von einem Fremdenführer. *Mai–Aug. tgl. 14.30 Uhr, Sept./Okt. Sa und So 14.30 Uhr, Dauer 2,5–3 Std., 11,50 Euro*

Das Verkehrsamt bietet Gruppen und einzelnen Besuchern *»Zentrumswanderungen«* an. Themen sind u. a. »Madonna«, »Kneipen« oder »Diamanten«.

ZIELE IN DER UMGEBUNG

Brasschaat [117 E4]

Das »Versailles Antwerpens« wird das 15 km nordöstlich der Diamantenstadt gelegene Brasschaat (34 000 Ew.) wegen seiner Parkanlagen genannt. Unweit davon liegt *Schoten*, ebenfalls in einer Wald- und Parklandschaft mit Schlössern und Traumvillen. Der dortige Marktplatz mit seinem Uilenspieghel-Brunnen ist fast so groß wie der Grote Markt in Brüssel, das Kastell wurde im Renaissancestil erbaut. Die Feudalbauten von Schoten und das *Wasserschloss de Borrekens* (13. Jh.) liegen wie Brasschaat im Naturgebiet *Kalmthoutser Heide.*

Geel [122 B3]

Berühmt ist die Stadt (34 000 Ew.) seit dem Mittelalter wegen des psychiatrischen Zentrums und zweier gotischer Kirchen (14./15. Jh). Der »Ort der Barmherzigkeit«, Wallfahrtszentrum der Ortsheiligen Dimpna, wird von einer weiten Dünen-, Wald- und Heidelandschaft umgeben. Wichtigstes Feriendorf ist *Kasterlee. 40 km östlich von Antwerpen*

Heist-Op-Den-Berg [117 F6]

Seinen Namen hat dieser Ort rund 30 km südöstlich von Antwerpen seiner Lage auf 45 m Höhe zu

Die riesenhaften Kräne im Scheldehafen von Antwerpen stehen Spalier

verdanken. Größte Attraktion ist der 71 m hohe *Wasserturm (April–Sept. 14–18 Uhr, Eintritt 1,25 Euro)*, von dem Sie einen wunderschönen Blick über das weite, fruchtbare Ackerland haben.

Hoogstraten **[117 F4]**

Die alte brabantische Stadt (15 000 Ew.) rund 30 km nordöstlich von Antwerpen wurde bereits im Jahr 1210 urkundlich erwähnt. Auffallend ist der feuerrote Turm der *Katharinenkirche*, die 1524–46 im gotischen Stil errichtet wurde, deren Chor jedoch ein Meisterwerk der Renaissance ist. 300 Stufen führen zur Aussichtsplattform des Turms. Berühmt ist die *Heiligblutprozession* am 1. und 2. Sonntag nach Pfingsten. Hoogstraten ist Zentrum des hiesigen Erdbeeranbaus. Im *Freizeitzentrum De Mosten (Tel. 03/340 19 51)* kann man am See angeln und surfen.

Lier **[117 E5]**

★ Lier (31 000 Ew.) ist eine der schönsten flämischen Provinzstädte. Der Ort, der rund 15 km südöstlich von Antwerpen liegt und durch den die Kleine Nete als Gracht fließt, ist die Heimat des Schriftstellers Felix Timmermans (1886–1946). Er schrieb hier seinen »Pallieter«. Von Mai bis Sept. werden auf dem Fluss mit Flachbodenbooten Rundfahrten durchgeführt *(Tel. 03/488 38 88)*. Der *Beginenhof* ist einer der ältesten und größten in Flandern; er beherbergt das Gasthaus *Het Land Van Belofte (€)*. Das bekannteste Kunstwerk der Stadt ist der *Zimmerturm*, Teil der früheren Befestigung. Dort tickt heute eine astronomische Uhr von 4,50 m Höhe, die 13 Zifferblätter enthält. Lohnend in der Akademiestadt ist ein Besuch des *Taubenmarkts* (Insider-Tipp) am Sonntagmorgen vor dem Rokoko-Rathaus mit seinem schlanken Belfried. Ein Meisterwerk der Brabanter Gotik ist die *St.-Gomarus-Kirche* mit ihrer kunstvollen Inneneinrichtung. Die Kirche verfügt über einen großen Silberschatz sowie Bildhauerarbeiten, hängt voller Gemälde und hat prächtige Glasfenster aus dem 15./16. Jh., außerdem eine Kopie des Turiner Leichentuches Christi von 1516. Im 80 m hohen Kirchturm befindet sich ein Carillon mit 48 Glocken. Einfaches Stadthotel: *Hof van Aragon, 17 Zi., Aragonstraat 6, Tel. 03/491 08 00, Fax 491 08 10, www.hofvanaragon.be, €*

Postel **[122 C2]** (Insider-Tipp)

Inmitten einer weiten Heide- und Waldlandschaft, rund 55 km östlich von Antwerpen, liegt dieses große Kloster. Das stattliche Gebäude zeichnet sich vor allem durch seine große Bibliothek aus, die insgesamt 40 000 Druckerzeugnisse beherbergt, darunter 350 Bücher von Plantin aus Antwerpen. Ein beliebtes Ausflugsziel ist Postel auch wegen des Gasthofs *De Beiaard (kein Ruhetag, Tel. 014/37 73 50, €)*, der Klosterspezialitäten anbietet. Übernachtungsmöglichkeit in der Abtei: *Tel. 014/37 81 21, www.Forumbeiginsenga.be, €*

Tongerlo **[117 F6]**

Außer Naturschönheiten bietet das rund 35 km südöstlich von Antwerpen gelegene Dorf eine von alten Lindenalleen umgebene Norbertinerabtei von 1130. Mittelpunkt des Klosters ist das *Da-Vinci-Museum (Juni–Sept. tgl. 14–17 Uhr, Eintritt*

1,50 Euro), in dem nur ein einziges Gemälde zu sehen ist, und zwar eine Kopie von Leonardo da Vincis Werk »Das letzte Abendmahl«. Sie wurde um 1500 von da Vincis Schüler Andrea Solario geschaffen.

Insider Tipp

Weert **[116 C6]**
Die landschaftlichen Schönheiten von »Klein Brabant« findet man komprimiert in dem Scheldehof Weert (350 Ew.) rund 20 km südwestlich von Antwerpen. In dem wasserreichen, ehemals für Söldner unzugänglichen Gebiet hat sich der winzige Ort den Charakter eines flämischen Dorfes bewahren können. Sehenswert ist das Museum *Zilverreiger*. Hier können Sie auch Fahrräder mieten, um die anderen Ortschaften im Scheldeland zu erkunden, etwa *St. Amands, Bornem* oder *Mariekerke*, ein ehemaliges Fischerdorf. Vom Scheldedeich haben Sie einen schönen Ausblick über das Land. In den Gasthäusern werden flämische Spezialitäten angeboten. Delikatessen sind *Paling in 't groen* (Aal grün) und Spargel.

MECHELEN

[117 E6] ★ In Mechelen fällt die Musik aus dem Himmel, denn die frühere Hauptstadt der südlichen Niederlande ist Zentrum des berühmten flämischen Glockenspiels. So beherbergt Mechelen die Königliche Glöcknerschule, die einzige Glockenspielerschule der Welt. Aus der mit 75 000 Einwohnern sechstgrößten Stadt Flanderns stammt die Familie Ludwig van Beethovens. Spaziergänge durch die heute beschaulich wirkende Stadt, die ihre Vergangenheit als Metropole des Mittelalters keineswegs verbirgt, rufen Erinnerungen an ihre bewegte Vergangenheit wach.

Seine Blütezeit erlebte Mechelen (1008 erstmals urkundlich

Abendstimmung in Mechelen, einer Metropole des Mittelalters

erwähnt), als Margaretha von Österreich ab 1510 von hier aus das Land als Statthalterin regierte. In ihrem Renaissancepalast *Hof van Savoye* empfing sie bedeutende Humanisten, Maler und Musiker, darunter auch Albrecht Dürer, Erasmus von Rotterdam und Thomas Morus. Nach dem Tod der Statthalterin wurde der Hof 1531 nach Brüssel verlegt. Mechelen wurde 1560 Sitz des Erzbischofs, 1566 durch die »Bilderstürmer« geplündert und 1572 von den Spaniern in Brand gesteckt. Zahlreiche Bürger, darunter die Malerfamilie Frans Hals, flohen in die nördlichen Niederlande. Die dominierende Rolle der Stadt war damit beendet. Späten Ruhm brachte noch einmal die Möbelindustrie, und 1835 fuhr hier die erste Eisenbahn auf dem europäischen Kontinent.

SEHENSWERTES

Begijnhofkerk

Der große und der kleine Beginenhof liegen nur durch eine Straße voneinander getrennt, ihr geschlossener Charakter aber ging verloren. Die Gebäude aus dem 16. und 17. Jh. sind restauriert. Ein Juwel des Barocks ist die Beginenkirche St. Alexius im großen Beginenhof. *Nonnenstraat*

Brusselsepoort

Von der Stadtmauer, die im 19. Jh. geschleift wurde, ist nur das Brüsseler Tor (13./17. Jh.) mit seinen markanten Spitzen erhalten geblieben. *Van Benedenlaan*

Hof van Savoye

Der frühere Stadtpalast der Margaretha von Österreich ist heute Justizgebäude. Vom Stadtbaumeister Rombout Keldermans im spätgotischen Stil errichtet, sollte es später zum ersten Renaissancegebäude in den Niederlanden werden. Kaiser Karl V. verlebte hier seine Jugendjahre. *Keizerstraat*

Kathedraal St. Rombout

Mit ihrem 97 m hohen Turm prägt die Kathedrale St. Rombout im Stil der Brabanter Gotik die Stadtsilhouette. Ursprünglich sollte der Turm 167 m in den Himmel ragen, aber nachdem von 1450 an 68 Jahre daran gearbeitet worden war, wurde der Bau wegen der anhaltenden Glaubenskriege gestoppt. Zu den Kunstschätzen der Kathedrale zählt der von Anthonis van Dyck geschaffene »Christus am Kreuz«. Eine Turmbesteigung (515 Stufen) ist nur nach Absprache mit dem Verkehrsamt möglich. *Der Eintritt in die Kirche ist frei*

Glockenspielkonzerte: *Sa und Mo um 11.30 Uhr, So um 15 Uhr, Juni–Sept. auch Mo ab 20.30 Uhr* Insider Tipp

Stadhuis

Das Mechelener Rathaus setzt sich aus verschiedenen Häusern zusammen: Die gotische Tuchhalle bildet den ältesten Teil des Komplexes (1311–26). Später sollte dieser um den neuen Palast für den *Grote Raad* erweitert werden, dessen Bau man 1527 begann, aber schon 1547 wieder beendete. Erst 1911 wurde weitergebaut. Das Resultat sind zwei gotische Stilvarianten. Rund um den Marktplatz sind Giebelfassaden aus dem 16., 17. und 18. Jh. zu sehen, auf dem Platz steht das Denkmal der Margaretha von Österreich. *Grote Markt*

Lesetipps

Von vergnüglicher Unterhaltung bis zur seitenstarken Familiensaga

Zur Einstimmung empfohlen sei *Bürokraten und Bierologen – Belgische Eskapaden:* Autor Rob Kieffer porträtiert das Land am Beispiel von Diamantschleifern und Bierbrauern, Comiczeichnern und Eurokraten. *Das Bildnis der Dame in Schwarz* von Xavier Hanotte ist eine vergnügliche Geschichte, die in Brüssel spielt. Sie handelt von einem Inspektor, der zur Kripo ging, um die Liebe seines Lebens zu vergessen. Ernst W. Heine berichtet in *Brüsseler Spitzen* von vier Freunden, die ein vereinigtes Europa aufbauen wollen. Sie besitzen unterschiedliche Pässe und sind auch sonst ziemlich ungleich – was vielleicht der Grund für ihre unkonventionellen Lösungsvorschläge ist. Eine in der Zeit von 1939 bis 1947 angesiedelte flämische Familiensaga erzählt der aus Brügge stammende Schriftsteller Hugo Claus in seinem erfolgreichen 700-Seiten-Roman *Der Kummer von Flandern.*

MUSEEN

Speelgoedmuseum
Das Museum zeigt antikes Spielzeug und Volkskunst. *Di–So 10 bis 17 Uhr, Eintritt 5,80 Euro, Nekkerspoel 21, www.speelgoedmuseum.be*

Hof van Busleyden
Städtisches Museum, Funde aus der Römerzeit, Mechelener Möbel, Glockenspielmuseum. 2002 wurde das Kunstgewerbemuseum in die Sammlung des Städtischen Museums integriert. *Di–So 10–17 Uhr, Sa 14–18 Uhr, Eintritt 1,98 Euro, Busleydenhof*

ESSEN & TRINKEN

Folliez
Elegant mit aufmerksamem Service. Hier können Sie einige der vielleicht besten Gerichte der Stadt genießen. *So und Mo geschl., Korenmarkt 19, Tel. 015/42 03 02,* €€–€€€

ÜBERNACHTEN

NH Mechelen
Dieses Stadthotel ist das erste Haus am Platz. *43 Zi., Korenmarkt 22, Tel. 015/42 03 03, Fax 42 37 88,* €€

Hobbit
Das moderne Hotel liegt an der Autobahnabfahrt Mechelen-Nord. *21 Zi., Battelsesteenweg 455 F, Tel. 015/27 20 27, Fax 27 20 28,* €–€€

AUSKUNFT

Dienst voor Toerisme
Stadhuis, Grote Markt, Tel. 015/ 29 76 55, Fax 29 76 53, www.mechelen.be

KANTEN DENTELLES SPITZEN
La Chaloupe d'Or
De Gulden Boot

Rund um die alte Stadt Brüssel

Hier wird die europäische Einigung geplant – doch Flanderns zentrale Provinz ist selbst geteilt

In das frühere Herzogtum Brabant gelangt man nur durch andere Provinzen des Landes, mit seinen 111 Gemeinden und 2,3 Mio. Einwohnern liegt es in der Mitte Belgiens. Im 12. Jh. entstand das Herzogtum Brabant aus der Grafschaft Leuven (Louvain/Löwen). Im Mittelalter war die Region Handels- und Kulturzentrum.

Die Provinz teilt sich in ein niederländisch- und in ein französischsprachiges Gebiet auf. Die scheinbar unsichtbar und doch deutlich verlaufende Sprachgrenze fällt hier mit einer landschaftlichen Zäsur zusammen: Im Norden von Brüssel ist das Gebiet relativ eben, im Süden erstreckt sich das Hügelland der Brabanter Ardennen. Ebenfalls im wallonischen Teil liegt das weite, zersiedelte Industrierevier von Mons und Charleroi.

Landschaftlich schön und abwechslungsreich hingegen sind das Gebiet um Leuven und das flämische ★ Pajottenland. Dieses zum großen Teil noch recht verträumte Stück Flämisch-Brabant wurde durch Pieter Breughel d. Ä. berühmt, der hier seine Motive fand. Sobald man die Durchfahrtsstraßen verlässt, präsentieren sich wie mit dem Lineal gezogene Baumreihen, malerische Bauernhäuser, Marienkapellen am Wegesrand und Ortschaften mit einem unermesslichen Schatz an Sehenswürdigkeiten.

Der schönste Marktplatz der Welt: typische Brüsseler Atmosphäre auf der Grand' Place

Shopping in Brüssel – kein alter Hut

Das Zentrum von Brabant ist Brüssel, Landeshauptstadt und Verwaltungssitz der Europäischen Union. Schon einmal war Brüssel Zentrum der abendländischen Welt: Von hier aus regierte Kaiser Karl V. die halbe Christenheit. Spanier, Franken, Habsburger, Franzosen, Holländer: Jahrhundertelang wechselten sich die fremden Herren ab, bis sich 1830 Flamen und Wallonen gemeinsam gegen die letzte Vormundschaft – das niederländische Haus Oranien – erhoben und ihren eigenen Staat gründeten.

Aufgang zum mächtigen Brüsseler Justizpalast

BRÜSSEL

[121 E2–3] Manche Orte versteht man erst, wenn man sie ein zweites Mal sieht. So ist es auch mit der Hauptstadt Belgiens, Sitz der Nato und der Europäischen Union. Die Stadt, die im 12. Jh. ihren Aufstieg begann und im späten Mittelalter wichtigste Stadt des mächtigen Burgunderreiches war, muss mit einer Reihe von Widersprüchen leben. Nicht allein sind alle Namens- und Hinweisschilder zweisprachig, auch stehen Historisches und Neues, Slums und supermoderne Bauten unvermittelt nebeneinander. Die knapp 1 Mio. Einwohner zählende Stadt, die aus 19 selbstständigen Gemeinden besteht, ist auch die Heimat von rund 210 000 Ausländern. Trotz ihrer kühlen Bürohäuser ist die internationalste Metropole Europas in den einzelnen Stadtvierteln gemütlich.

Ausführliche Informationen finden Sie im MARCO POLO Band »Brüssel«.

SEHENSWERTES

Atomium

Eines der auffälligsten Symbole von Brüssel ist das für die Weltausstellung 1958 gebaute Atomium. Das 102 m hohe Bauwerk, das das Atomzeitalter versinnbildlicht, besteht aus neun mit Aluminium verkleideten Kugeln mit einem Durchmesser von je 18 m, die ein 165 Mrd. Mal vergrößertes Eisenkristallmolekül darstellen. Von der obersten Kugel hat man eine schöne Aussicht auf Brüssel und die angrenzenden Parkanlagen des Königlichen Schlosses von Laeken. Die dringend nötige Renovierung soll 2003 beginnen. *April–Aug. tgl. 9 bis 20 Uhr (Kassenschluss 1 Stunde vorher), Sept.–März 10–18 Uhr, Eintritt 5,54 Euro, Metro: Heysel*

Grand' Place/Grote Markt

★ Prototyp eines Ansichtskartenmotivs ist die Grand' Place oder der Grote Markt, einfach der schönste Marktplatz der Welt. Das Viereck im flämisch-italienischen Barockstil legt Zeugnis ab von der einstigen Macht der Zünfte. Architektonischer Höhepunkt des Platzes ist das spätgotische *Rathaus* aus dem 15. Jh. mit dem 97 m hohen Turm. Ihm gegenüber liegt das im Stil des 16. Jhs. erbaute *Maison du Roi.* Es beherbergt das Stadtmuseum.

Justizpalast

Der Monumentalbau ist um ein Drittel größer als der Petersdom und steht dort, wo früher einmal der Galgenberg war. Von hier aus bietet sich ein schöner Rundblick auf die Unterstadt. Der im 19. Jh. entstandene Bau beherbergt 27 Säle und 245 Zimmer. *Poelaertplein, Metro: Louise*

Insider Tipp

Manneken-Pis

Das unverschämteste Wahrzeichen von Brüssel ist der Manneken-Pis, ein kleiner Junge in Bronze, der seit 1619 ungeniert in einen Brunnen pinkelt. Die heutige knapp 30 cm große Statue ist eine Kopie, das Original wurde 1817 gestohlen und beschädigt. Der vorwitzige Knabe, der schon vielen Comiczeichnern Modell stand, soll der Legende nach eine Feuersbrunst in der Hauptstadt mit seinem Strahl gelöscht haben. Es ist Tradition, dass Staatshäupter, die Belgien besuchen, ein festliches Kleid für den Manneken-Pis mitbringen. Die 400 Kostüme sind im Museum der Stadt Brüssel zu besichtigen. *Ecke Rue de l'Etuve und Rue du Chêne, ein paar Hundert Meter von der Grand' Place entfernt*

St.-Hubertus-Galerien

Insider Tipp

Diese Einkaufspassagen von 1846 sind Treffpunkt und Promenade, Einkaufsziel und zugleich Domizil für viele Brüsseler.

St.-Michaels-Kathedrale

Die Kathedrale ist ein schönes Beispiel für die Brabanter Gotik. Zu sehen sind u. a. von Kaiser Karl V. gestiftete Grabsteine und Glasfens-

MARCO POLO Highlights »Brabant«

★ **Pajottenland**
Bauernland mit Dörfern und weiten Äckern. Hier fand Pieter Breughel d. Ä. seine Motive (Seite 41)

★ **Grand' Place/ Grote Markt in Brüssel**
Der alte Marktplatz, heute noch wichtiger gesellschaftlicher Treffpunkt (Seite 43)

★ **Königliche Kunstmuseen in Brüssel**
Die Schätze des Königreiches, über acht Etagen verteilt im wichtigsten Museum der Stadt (Seite 44)

★ **Leuven**
Renommierte Universitätsstadt und beliebtes Einkaufszentrum (Seite 47)

ter. In der Krypta sind die Herzöge von Brabant begraben. *Sinte-Goedelevoorplein*

MUSEEN

Automobilmuseum

Das Museum *Autoworld* besitzt mit 400 Oldtimern die größte Kollektion historischer Autos in Europa. Das Gebäude war ursprünglich die Halle des *Wereldpaleis* und Bestandteil des Hallenkomplexes, in denen die Weltausstellungen der Wende zum 20. Jh. stattfanden. Im anderen Flügel des »Weltpalastes« ist das Luftfahrtmuseum untergebracht. *April–Sept. tgl. 10–18 Uhr (21. Juli geschl.), im Winter tgl. 10 bis 17 Uhr (Weihnachten und 1. Jan. geschl.), Eintritt 5 Euro, 11, Parc du Cinquantenaire, www.autoworld.be*

Comic-Museum

Die umfassendste Sammlung zur Geschichte der Sprechblasenkultur können Sie in dem von Victor Horta im Art-nouveau-Stil errichteten Warenhaus *Waucquez* sehen. Auf einer Fläche von 4200 m^2 lagern unter Glasdächern 15 000 Comics. *Di–So 10–18 Uhr, Eintritt 6,20 Euro, Zandstraat 20, Metro: Rogier*

Königliche Kunstmuseen

★ Das bedeutendste der rund 80 Brüsseler Museen ist der wohl erste komplett unter die Erde verlegte Museumsbau. Zu sehen sind Meisterwerke z. B. von Pieter Breughel d. Ä. (»Landschaft mit dem Sturz des Ikarus«), Hans Memling und Hieronymus Bosch, dazu Werke frühniederländischer und flämischer Meister. Alte deutsche Meister (mit Lucas Cranach als Schwerpunkt) sind ebenso vertreten wie die romantische Malerei des 19. Jhs., Arbeiten von James Ensor oder Werke des belgischen Surrealisten René Magritte. *Di–So 10–17 Uhr, Eintritt 5 Euro, 1, Place Royale und 3, Rue de la Régence, www.fine-arts-museum.be*

ESSEN & TRINKEN

La Grande Ecluse

Insider Tipp

Einst ein Maschinenraum, heute eine beliebte Speisehalle. Auch vegetarische Gerichte. *Sa mittags, So und Mo geschl., 77, Boulevard Poincaré, Tel. 02/522 30 25, €*

't Kelderke

Unverkennbar echtes Brüsseler Kellerlokal mit rustikalen Gerichten. *Kein Ruhetag, 15, Grand' Place, Tel. 02/513 73 44, €€*

Le Pain Quotidien

Hier gibt es knuspriges Brot mit köstlichem Schinken, Käse oder Pastete. *11, Rue des Sablons, €*

Quincaillerie

Insider Tipp

Ehemalige Eisenhandlung, gute Küche. Immer voll und immer laut. *Sa/So mittags geschl., 45, Rue du Page, Tel. 02/538 25 53, €€*

EINKAUFEN

Einkaufspassagen wie die *St.-Hubertus-Galerien* oder die *Galeria Louiza* sind einen Besuch wert, außerdem die *Rue du Midi*, die *Rue Neuve*, das *Sablon-Viertel* (Antiquitäten) und die Gegend rund um den *Marktplatz von Ste-Catherine.* Weitere Shopping-Ecken sind die Gassen, die von der Grand' Place wegführen, und *De Brouckère* mit dem Einkaufszentrum *Centre Monnaie.*

Märkte

In Brüssel gibt es viele Märkte. Die schönsten und interessantesten sind der ★ *Vogelmarkt, Grand' Place, So 7–14 Uhr,* der *Antikmarkt, Grand Sablon (Grote Zavel), Sa 9–18 Uhr, So 7–14 Uhr, Antiek en Kuriosa, Place de Jeu de Balle (Vossenplein), tgl. 7–14 Uhr* und der *Obst- und Gemüsemarkt, Gare du Midi, So 7–13 Uhr.*

ÜBERNACHTEN

Ibis Brussels Center Sainte Catherine

Einfaches Touristenhotel. *236 Zi., 2, Rue Joseph Plateau, Tel. 02/ 513 76 20, Fax 514 22 14, www. ibishotel.com,* €€

A la grande Cloche

Gepflegt und doch billig. Kleines Stadthotel, 10 Minuten zur Grand' Place. *37 Zi., 12, Place Rouppe, Tel. 02/512 61 40, Fax 512 65 91, www.hotelgrandecloche.be,* €

Le Dome I & II

Modern, mit einer Spur von Art nouveau. *124 Zi., 12–13, Boulevard du Jardin Botanique, Tel. 02/ 218 06 80, Fax 218 41 12, www. hotel-le-dome.be,* €€–€€€

Sleep Well

Modernes Jugendhotel im Zentrum. 1- bis 6-Bett-Zimmer, Übernachtung ab 11,50 Euro. *23, Rue du Damier, Tel. 02/218 50 50, Fax 218 13 13, www.sleepwell.be,* €

AM ABEND

Das Brüsseler Nachtleben konzentriert sich vor allem auf einen Restaurant- oder Lokalbesuch. Das

Auch Opern- und Theaterabende stehen in Brüssel auf dem Programm

Café Beurs (Auguste Ortsstraat 28, Tel. 02/513 82 90, €*)* Insider Tipp ist beim jüngeren Publikum wegen der DJs beliebt. Aber auch das *Zebra (Sint-Goriksplein 33 34, Tel. 02/ 511 09 01),* eine kleine Bar mit Terrasse, wird von vielen Jugendlichen frequentiert. Für Tanzvorstellungen empfiehlt sich das *Paleis voor Schone Kunsten (Ravensteinstraat 23, Tel. 02/507 84 68).* Filme werden meist in Originalfassung gezeigt und sind oft niederländisch und französisch untertitelt.

Reservierung von Theater-, Konzert-, Opern- und Ballettkarten: *Informationsbüro BITC (s. »Auskunft«)*

AUSKUNFT

BITC, Rathaus, Grand' Place, Tel. 02/513 89 40, Fax 513 83 20, www.bruessel.be

ZIELE IN DER UMGEBUNG

Beersel **[121 E3]**
Bekannt ist Beersel (21 000 Ew.), knapp 10 km südwestlich von Brüssel im landschaftlich schönen Tal der Senne gelegen, für seine Biertradition – gebraut werden Lennik und Gueuze – und das romantische *Wasserschloss*. Der Ziegelbau mit den drei hohen Ecktürmen, um 1300 von Godfried van Hellebeke errichtet, diente zur Verteidigung Brüssels. Das *Burgmuseum (März bis 15. Nov. Di–So, 16. Nov.–Dez. und Feb. Sa und So jeweils 10–12 und 14–18 Uhr, Eintritt 2,48 Euro)* zeigt eine Ausstellung von Folterwerkzeugen. In der Stadt gibt es urige Schenken, in denen man seinen Durst mit Spezialbieren löschen kann.

Gaasbeek **[121 D3]**
Schloss Gaasbeek (rund 15 km westlich von Brüssel) zählt zu den beliebtesten Ausflugszielen. Die *Domaine de Gaasbeek* mit ihrem wunderschönen 0,4 km^2 großen Park wurde im 13. Jh. angelegt und im 16. Jh. erweitert. Einer der Besitzer des Anwesens war Graf Egmont. Er wurde 1568 auf der Brüsseler Grand' Place als angeblicher Verschwörer gegen die Spanier enthauptet. Sein Schicksal inspirierte Goethe zu seinem »Egmont«. Heute befinden sich in Schloss ein Museum und eine umfangreiche Kunstsammlung. *April–Okt. Di–So und Juli/Aug. Sa–Do jeweils 10 bis 18 Uhr, Eintritt 3,72 Euro*

Grimbergen **[121 E2]**
Bauerndorf am nördlichen Stadtrand von Brüssel mit einer prachtvollen barocken Norbertinerabtei, die – 1130 als Prämonstratenserkloster gegründet, im 16. Jh. ausgebrannt und im 17. Jh. wieder aufgebaut – zu den eindrucksvollsten Barockbauten Flanderns zählt. Das Dorf im malerischen Pajottenland überrascht durch seine unversehrten Strukturen. Im *Kutschhaus (Koetshuis Guldendal)* ist ein anschaulich gestaltetes Handwerks- und Landwirtschaftsmuseum untergebracht *(April–Sept. tgl. 14 bis 18 Uhr, Okt.–März Mo–Fr 9 bis 16 Uhr, Eintritt 2,50 Euro)*. Das *Glockenspiel von St. Servaas* ist *So 16.30–17.30 Uhr* zu hören. Übernachtung: *Hotel Abbey, 28 Zi., Kerkblokstr. 5, Tel. 02/270 08 88, Fax 270 81 88, €€*

Insider Tipp

Halle **[121 E3]**
Umgeben von der weiten hügeligen Landschaft, rund 15 km südwestlich von Brüssel, liegt Halle (32 000 Ew.). Die Stadt an der Senne ist das Ziel unzähliger Wallfahrer, die sich Beistand von der »Schwarzen Madonna« erhoffen, deren Bild in der Kirche *St. Martinus* (1330–1470 im Stil der Brabanter Gotik errichtet) einen Ehrenplatz über dem Altar hat. Der Legende nach soll die Holzfigur während einer Belagerung 32 Kanonenkugeln aufgefangen haben. In der Krypta wird ein großer Kirchenschatz mit Silberarbeiten, vor allem aus dem 15. und 16. Jh., aufbewahrt *(Schatzkammer nur Pfingsten, Himmelfahrt und 1. Septembersonntag 14–17 Uhr, Eintritt 0,50 Euro)*. Das *Rathaus* am Markt stammt aus der Spätrenaissance (17. Jh.). Im ehemaligen Jesuitenkolleg (ebenfalls 17. Jh.) befindet sich das *Südwestbrabantische Museum (Mai–Aug. Sa 12 bis 17 Uhr, So 10–12 und 14–17 Uhr,*

April und Sept./Okt. So 14–18 Uhr, Eintritt 0,99 Euro), das u. a. archäologische Fundstücke und Sammlungen zur regionalen Geschichte des Pajottenlandes zeigt. Hotel am Stadtrand: *Alsput, 10 Zi., Hollestraat 108, Tel. 02/356 76 47, Fax 360 12 10,* €–€€

LEUVEN

[122 A5] ★ Leuven (Louvain) oder Löwen, wie die Stadt auf Deutsch genannt wird, ist die Hauptstadt von Flämisch-Brabant und hat 88 000 Einwohner. Es ist auf liebenswerte Art kleinbürgerlich, doch zugleich auch geschäftstüchtig und kontaktfreudig, mitunter sogar ausgelassen, etwa am *Oude Markt,* dem Ausgehzentrum und der guten Stube der Bierstadt.

Als Ort mit der ältesten Universität der Niederlande (gegründet 1425) präsentiert Leuven sich dem Besucher sofort als Studentenstadt. Da sind die vielen Kollegien, die zahlreichen Buchläden, Kneipen und Cafés. Unübersehbar sind aber auch die Sehenswürdigkeiten der Stadt, die im Mittelalter mitunter einflussreicher war als ihre Erzrivalin Brüssel.

SEHENSWERTES

Groot Begijnhof

Rund um die frühgotische Kirche Johannes der Täufer (St. Jan de Doperkerk) gruppieren sich die 70 Häuser des im 13. Jh. gegründeten Beginenhofes, der heute ein Teil der Universitätsstadt ist. Der stille Ort wird von Professoren und Studenten bewohnt. Restaurant im eleganten *Faculty Club, Tel. 016/ 32 95 00, www.fclub.kuleuven.ac.be,* €€–€€€

Onze Lieve-Vrouw ten Predikheren

Die erste gotische Kirche der Stadt war die Liebfrauenkirche der Dominikaner. Sie beherbergt eine Sakristei aus dem 13. Jh. und zahlreiche Prunkgräber. *O. L. Vrouwstraat*

Romaanse Poort

Das »römische Stadttor«, 1220 bis 1223 erbaut, schmiegt sich an das frühere St.-Peter-Krankenhaus. An der Dijle *(Brusselsestraat Richtung Mechelsestraat)* sind noch Reste der alten Stadtmauer zu sehen.

Sint Pieterskerk

Die drei Türme der St.-Peters-Kirche, des ältesten Gotteshauses der Stadt, sind nie vollendet worden. Das 1991 renovierte Kirchenschiff (1410–1541) ist ein Meisterwerk der Brabanter Gotik. Von der romanischen Kirche, die hier ursprünglich stand, ist nur die Krypta aus dem 11. Jh. erhalten. Zahlreiche Skulpturen und Gemälde sind zu sehen, z. B. das »Letzte Abendmahl« von Dirk Bouts. *15. März bis 15. Okt. Mo–Sa 10–17 Uhr, So 14 bis 17 Uhr, 16. Okt.–14. März Di bis Sa 10–17 Uhr, So 14–17 Uhr, Eintritt 5 Euro, Grote Markt 9*

Stadhuis

Das spätgotische Rathaus (1439 bis 1469) gilt als das schönste in Europa. Auffallend sind an der Fassade der ornamentale Bildschmuck und die 236 Statuen in den Nischen. Die Bilder erzählen die Geschichte der Handelsstadt. Das dreistöckige Bauwerk wurde vom Stadtbaumeister Matheus de Layens entworfen.

Prachtvolles spätgotisches Profanbauwerk: das Stadhuis von Leuven

Besonders charakteristisch ist das Satteldach mit den achteckigen Türmen. *Führungen Tel. 016/ 21 15 40, Eintritt 1,20 Euro*

MUSEUM

Stedelijk Museum Vander Kelen-Mertens
Die Städtische Kunstsammlung im ehemaligen Savoy-Kolleg verdient besondere Aufmerksamkeit. Das von einem Garten umgebene Haus besitzt eine reiche Sammlung von gotischem Schnitzwerk und bedeutende Gemälde der »Löwener Schule« des 15. und 16. Jhs. *Di–Sa 10–17 Uhr, So 14–17 Uhr, Eintritt 5 Euro, Savoyestraat 6*

ESSEN & TRINKEN

Bij den Boer
Fisch- oder Wildgerichte, je nach Saison. *Mo geschl., Diestsestraat 265, Tel. 016/22 47 14, €–€€*

De Kansel
Flämische Küche. *So und im Winter geschl., Muntstraat 15, Tel. 016/ 22 09 23, €*

EINKAUFEN

Geschäfte, Boutiquen und Cafés finden sich in der *Diestse-*, der *Brusselse-* und der *Mechelsestraat* sowie am *Grote Markt*, der *Avenue Bondgenotenlaan* und am *Vismarkt*. Freitags ist in der Innenstadt Markt.

ÜBERNACHTEN

Begijnhof
Historisches Stadthotel. *69 Zi., Tervuursevest 70, Tel. 016/29 10 10, Fax 29 10 22, www.begijnhofcongresshotel.be, €€–€€€*

Professor
Schönes Hotel mit nur 9 Zimmern. *Naamsestraat 20, Tel./Fax 016/ 29 14 16, €€*

AUSKUNFT

Dienst voor Toerisme
L. Vanderkelenstraat 30, Tel. 016/ 21 15 39, Fax 21 25 49, www. leuven.be

ZIELE IN DER UMGEBUNG

Diest [122 B4]
Das Provinzstädtchen (22 000 Ew.), das rund 30 km nordöstlich von Leuven an der Grenze zu Limburg liegt, fällt durch die restaurierten Gebäude rund um den *Grote Markt* auf. Die ehemalige Tuchmacherstadt, vom 14. bis zum 18. Jh. Eigentum des Hauses Nassau-Oranien, wird auch »Oranjestad« genannt. In der *St.-Sulpitius-Kirche* sind das Chorgestühl mit Miserikordien von 1491 und der Sakramentsturm aus der Renaissance sehenswert. Im früheren Brauereikeller des klassizistischen *Rathauses* befindet sich das Städtische Museum. Besonders schöne Beispiele für die Architektur des 15. Jhs. sind »De Fortuyn« und »Het Dambord« in der *Ketelstraat*. An der *Lakenhal (Ecke Moon- und Gezellenstraat)* ist ein Exemplar jener mittelalterlichen Kanonen zu sehen, die hier »Holle Griet« (hohle Griet) heißen. Im verträumten *Beginenhof* leben vor allem Künstler, es gibt Galerien, Kneipen und Restaurants. *Kunstateliers: Juli/Aug. Sa und So 14 bis 17 Uhr, Tel. 013/35 32 74*

Einer der wichtigsten Wallfahrtsorte Flanderns ist *Scherpenheuvel* (6 km westlich von Diest). Zentrum des Dorfes ist die *Liebfrauenbasilika (tgl. 8–19 Uhr)*, die älteste Barockkirche Belgiens, errichtet 1609–27 im Auftrag des Erzherzogs Albrecht und seiner Frau.

Tienen [122 B5]
Das Zentrum der einheimischen Zuckerindustrie (20 km südöstlich) wird von dem schlanken, nie vollendeten Turm der gotischen Kirche *Onze Lieve Vrouw-ten-Poel* überragt. Die Kirche heißt auf Französisch *Notre-Dame-au-Lac*, doch einen See gibt es hier nicht mehr, lediglich eine Quelle, deren Wasser heilen soll. Mittelpunkt der 1944 zerstörten Industriestadt (32 000 Ew.) ist der Grote Markt mit *Rathaus* und *Het Toreke*, heute *Städtisches Museum (Di–So 10–17 Uhr, Eintritt 2,48 Euro)*. Am Veemarkt steht die *St. Germanuskerk*, ein romanischer, nach 1536 im gotischen Stil weitergeführter Bau. Im Turm hängt mit 54 Glocken eines der größten Carillons Flanderns *(Konzert: Juli/Aug. Mi 20.30 Uhr)*. Stadthotel: *Hotel Alpha (Leuvensestraat 95, Tel. 016/82 28 00,* **€€***). Jugendhotel: Tel. 016/82 14 60*

Zoutleeuw [122 C5] Insider Tipp
Der rund 40 km südöstlich von Leuven gelegene Ort (7800 Ew.) gehörte einst zu den sieben wichtigsten brabantischen Städten, geriet dann aber so sehr ins Abseits, dass er selbst von den Bilderstürmern vergessen wurde. Dank dieser Fügung haben die Kirche *St. Leonhard*, das *Rathaus*, die *Tuchhalle (Lakenhal)* und einige Patrizierhäuser die Jahrhunderte unbeschädigt überstanden. In der Kirche befindet sich eine Fülle von Kunstschätzen, Bildschnitzarbeiten und Malereien *(Ostern–Sept. Di–So 14 bis 17 Uhr, Eintritt 1,25 Euro)*. *Provinzdomäne Het Vinne (tgl. von Sonnenaufgang bis -untergang, Ossenwegstraat 70, Eintritt frei):* Naturreservat, Spielplatz, Cafeteria.

Grafenland und Nordseestrand

Geschichte, Kultur und Idylle prägen das Land hinter Flanderns Nordseeküste

Wer zum ersten Mal die Strecke von De Panne bis Knokke abfährt, jenen 67 km langen Nordseestrand, wird erstaunt sein über die Vielfalt an Villen und Appartements, die sich am Meer entlang ausbreitet. An Belgiens Küste werden jährlich 16 Mio. Übernachtungen verbucht. Allein das mondäne Kurbad Knokke zählt im Sommer 3 Mio. Übernachtungen, in Oostende sind es 2 Mio. Familiär präsentiert sich De Panne, idyllisch sind De Haan oder Wenduine.

An den bis zu 700 m breiten und durchgehend flachen Stränden gibt es Spaß, Sport und Spiel satt. Fröhlicher Rummel erfreut Aktivurlauber, stille Dünen und Wälder entzücken die Romantiker.

Bunte Markisen überspannen die Terrassen, und auf den Boulevards sausen Kinder und Jugendliche mit Tretrollern, Tandems, Skateboards, Seifenkisten und Lokomotiven des Typs »Orient-Express« herum. Museen, Spielkasinos, Thermalbäder und Rennbahnen erhöhen die Attraktivität der flämischen Küste mit ihren 70 000 Ferienwohnungen.

Entspannen im Familienbad: der Strand von De Haan

Störche im Vogelschutzgebiet Het Zwin bei Knokke-Heist

Zwischen den Badeorten liegt viel freie Natur: etwa die Westhoek bei De Panne, der Calmyenwald oder das Naturdenkmal Schipgatduinen bei Koksijde mit Flanderns höchsten Dünen. Wander- und Radwege führen durch diese Landschaftsparadiese. Die flämische Küstenstraßenbahn, die *Küstentram »De Lijn«* (Insider Tipp) *(Tageskarte 8,20 Euro, Familienkarte 18,80 Euro, Info: Tel. 059/56 53 53)*, verbindet zwischen Knokke und De Panne alle Badeorte – eine preiswerte Möglichkeit, Ausflüge zu unternehmen.

So zersiedelt und rege besucht der Küstenstreifen ist, so unbekannt und teils noch menschenleer ist das Hinterland, das Polderland rund um De Moeren, das liebliche Hügelland mit Bauerndörfern, die Gegend um Poperinge und Ypern (Ieper).

Sommerlich gestimmt: Gracht an der Ezelstraat in Brügge

Das quicklebendige Brügge, die spätmittelalterliche Hauptstadt der Provinz Westflandern – einst neben Venedig eine der reichsten Städte – wird jährlich von mehreren Millionen Besuchern erkundet.

BRÜGGE

Karte in der hinteren Umschlagklappe

[119 D2] Die ehemalige Metropole am Naturhafen des Zwin, um das Jahr 700 gegründet, war das Bindeglied zwischen den deutschen Hansestädten und der Republik Venedig. Die ruhige, weder durch Brand noch Kriege verwüstete Museumsstadt mit 118 000 Einwohnern präsentiert sich heute als geschlossenes Stadtensemble des Mittelalters. Sie überschüttet den Besucher mit einer solchen Fülle von Eindrücken, dass es mehrere Tage braucht, um alles Sehenswerte zu betrachten und sich von der einmaligen Stimmung in den Kirchen, auf den Gassen und Plätzen sowie entlang der Grachten (die hier *reien* heißen) verzaubern zu lassen. Seit längerem ist die ★ historische Innenstadt so gut wie autofrei. Kutschen und Linienbusse sorgen für Mobilität im Zentrum. Seine besondere Schönheit entfaltet Brügge (niederländisch Brugge, französisch Bruges) an einem Frühlingstag oder Herbstabend, wenn sich die alte Welt in den *reien* oder im *Minnewater*, dem Märchensee am Beginenhof, widerspiegelt.

Brügge, dessen Blütezeit das 14. und 15. Jh. gewesen war, geriet danach in Verfall und erfuhr auch keine nennenswerte industrielle Entwicklung. Seine Einwohner waren schließlich so arm, dass ihnen selbst das Geld zur Stadtsanierung fehlte. So hat Brügge sich etwas bewahrt, was anderen Städten fehlt: eine Architektur nach menschlichem Maß. Besucher sollten sich rücksichtsvoll auf den traditionsreichen Plätzen bewegen. Am besten tut man das zu Fuß, aber beliebt sind auch die Rundfahrten in den offenen Booten: Jährlich erkunden mehr als 850 000 Besucher Brügge auf diesem Weg.

SEHENSWERTES

Beginenhof Ten Wijngaerde

Seine Pracht entfaltet dieser Ort im Frühjahr, wenn unter den Pappeln die Krokusse gelb und lila leuchten.

1245 wurde der Hof von Margareta von Konstantinopel, Gräfin von Flandern, gegründet. Heute leben hier Benediktinerinnen. Den Wunsch, die Nonnen nicht zu fotografieren, sollte man respektieren. Gäste können sich von drei Tagen bis zu drei Monaten einquartieren. Der von einer weißen Mauer umschlossene Hof mit seinen kleinen Häusern, den Taubentürmen und Kräutergärten war bis 1930 Wohnort von Beginen, die sich der Erziehung junger Mädchen, der Krankenpflege und dem Spitzenklöppeln verschrieben hatten. *Beginenmuseum: März–Nov. tgl. 10–12 und 13.45–17 Uhr, im Sommer bis 18 Uhr, Eintritt 1,49 Euro*

Belfort (Belfried)

Die 366 Stufen auf den 83 m hohen früheren Stadtturm am Markt lohnen den Aufstieg: Es lockt ein prächtiger Blick auf die rostbraunen Dächer der Stadt und das angrenzende Polderland. Vom achteckigen, 1482 vollendeten Belfried erklingt stündlich das Spiel der 47 Glocken. Hinter dem Turm befindet sich die Tuchhalle (Lakenhal). *Di–So 9.30–17 Uhr, Eintritt 5 Euro, www.brugge.be/musea/nl/mbeln.htm*

Concertgebouw

Insider Tipp

Rechtzeitig zum Jahr 2002, als Brügge Kulturhauptstadt Europas war, wurde der Bau des neuen Opernhauses mit 1200 Plätzen auf drei Etagen fertig gestellt. Damit hat Brügge erstmals eine größere Bühne und kann mit großen Namen aus der Musik- und Tanzwelt nun auch international mitmischen. Der beeindruckende 120 m lange

MARCO POLO Highlights »Brügge und Westflandern«

★ **Historische Innenstadt von Brügge**
Die intakte Museumsstadt hat nichts von ihrem alten Charme eingebüßt (Seite 52)

★ **Damme**
Die bewegte Geschichte dieser alten Stadt – literarischer Geburtsort von Till Eulenspiegel – kann man nur noch erahnen (Seite 57)

★ **Heuvelland**
Malerische Dörfer inmitten einer weiten Hügellandschaft prägen das Grenzgebiet zu Frankreich (Seite 58)

★ **Ypern (Ieper)**
Stein für Stein wurden die historischen Gebäude der Stadt nach dem Ersten Weltkrieg wieder aufgebaut (Seite 61)

★ **De Westhoek**
Hohe Dünen, viel Sand, Thymian und Moospflanzen: So präsentiert sich Flanderns schönstes Naturreservat (Seite 64)

und 50 m breite Blickfang in Terrakotta, der die Silhouette Brügges nachhaltig verändert, wurde von den Architekten Paul Robbrecht und Hilde Daem gebaut. *'t Zand, www.concertgebouwbrugge.be*

Heilig Bloedbasiliek

Die Heiligblut-Basilika besteht aus zwei Kapellen. Die Krypta der St.-Basilius-Kapelle ist romanisch, die Kapelle gotisch, und restauriert wurde sie im 19. Jh. Seit 1150 wird in der Kapelle ein Tropfen des »Heiligen Blutes« aufbewahrt, den Dietrich von Elsass, Graf von Flandern, von einem Kreuzzug ins Heilige Land mitgebracht haben soll. *Eintritt 0,99 Euro, Breidelstraat*

Onze Lieve Vrouwekerk

Der 122 m hohe Turm der Liebfrauenkirche überragt den Belfried: Zeichen des Machtkampfes zwischen Kirche und Bürgerschaft. Im Chor (12./13. Jh.) sind die lebensgroßen Grabmale Karls des Kühnen und seiner Tochter Maria von Burgund zu sehen, in der Seitenkapelle Bilder der »Kölner Schule« aus dem 15. Jh. Kostbarster Besitz ist die Insider Tipp Michelangelo-Madonna (1501–03) aus weißem Marmor. Sie ist die einzige Arbeit des Künstlers, die Italien zu seinen Lebzeiten verlassen hat. *Mo–Fr 9–12.30 und 13.30–17 Uhr, Sa 9–12.30 und 13.30–16 Uhr, So 13.30–17 Uhr, Mariastraat*

Sint Salvatorskathedraal

Älteste Kirche der Stadt, mit deren Bau im Jahr 961 begonnen wurde. Sehenswert sind die Bleifenster sowie zahlreiche Gemälde und Gobelins, außerdem die 1679–1717 gebaute Orgel und das Chorgestühl mit den Wappen der Ritter vom »Goldenen Vlies«, die 1478 hier ihre Gründungsversammlung abhielten. *Mo 14–18 Uhr, Di–Fr 8.30 bis 11.45 und 14–17.45 Uhr, Sa 8.30–11.45 und 14–15.30 Uhr, So 9–10.15 und 15–17.45 Uhr, Oostmeers*

Stadhuis

Zierde des Burgplein ist das gotische Rathaus der Stadt. Das älteste Rathaus der Niederlande (1376 bis 1420) gilt als Paradebeispiel bürgerlicher Repräsentationsbauten. Bei den Figuren handelt es sich um Personen aus der burgundischen Zeit. Im gotischen Ratssaal: Wandmalereien und ein hölzernes Deckengewölbe. *Di–So 9.30–17 Uhr, Eintritt 2,50 Euro, Burgplein*

Vismarkt

Am Ufer der *Groenenrei* wird der Fischmarkt abgehalten *(früh bis 13 Uhr, außer So und Mo)*. Das Dach der Fischhalle von 1821 ruht auf 126 Marmorsäulen.

MUSEEN

Für den Besuch der vier wichtigsten Museen empfiehlt sich das Kombiticket (15 Euro), das beim Verkehrsamt oder in den Museen erhältlich ist.

Groeningemuseum

Das »Städtische Museum für die Schönen Künste« zeigt in 15 Sälen die wertvollsten Gemälde Flanderns. Die Stillleben der Flämischen Primitiven faszinieren ebenso wie der »Marientod« von Hugo van der Goes, die »Madonna« von Jan van Eyck und die drei Bildtafeln der »Taufe Christi«. Außerdem sind Arbeiten von Hans Memling, Pieter Breughel sowie »Das jüngste Gericht« von Hieronymus Bosch zu sehen, dazu Bilder moderner Belgier, u. a. von Paul Delvaux, René Magritte und Constant Permeke. *Di–So 9.30–17 Uhr, Eintritt 7 Euro, www.brugge.be/musea/nl/mgroen.htm, Dijver 12*

Insider Tipp

Gruuthusemuseum
Im früheren Stadtpalast der Herren von Gruuthuse wird eine umfangreiche Sammlung an flämischem Kunsthandwerk gezeigt, u. a. Silber, Glas, Waffen und Möbel. *Di–So 9.30–17 Uhr, Eintritt 5 Euro, www.brugge.be/musea/nl/mgrun.htm, Dijver 17*

Kantcentrum
Wer sich für die Kunst des Klöppelns interessiert oder sich kundig machen möchte für den Kauf von Spitze *(kant)*, sollte in den Häusern der Adornes-Stiftung die Spitzenateliers besuchen. Hier wird keine Spitze verkauft. *Mo–Fr 10–17 Uhr, Sa 10–12 und 14–17 Uhr, Eintritt 1,50 Euro, Peperstraat 3*

Memlingmuseum
Im wahrscheinlich ältesten Hospital Europas (12. Jh.) befindet sich das Memlingmuseum mit einer Apotheke aus dem 17. Jh. Im Krankensaal des Johanneshospitals sind die Meisterwerke von Hans Memling (ca. 1433–94) zu sehen, zum Beispiel der Ursulaschrein, auf dem in präziser Miniaturmalerei die Legende der in Köln als Märtyrerin ermordeten Ursula dargestellt ist. Besonders schön ist die polychromierte Statue des hl. Cornelius (14. Jh.). Rekonstruiert wurde der mittelalterliche Krankensaal mit Betten und Geräten. *Di–So 9.30 bis 17 Uhr, Eintritt 7 Euro, www.brugge.be/musea/nl/mmemn.htm, Mariastraat*

Museum voor Volkenkunde
Das Städtische Museum für Volkskunde zeigt in ehemaligen Hospizhäusern handwerkliche Sammlungen. Historische Gaststube *De Zwarte Kat* mit Kater Aristide. *Di bis Sa 9.30–17 Uhr, Eintritt 2,50 Euro, www.brugge.be/musea/nl/mvoln.htm, Rolweg 40*

ESSEN & TRINKEN

Belle Epoque
Brasserie im Pariser Stil, ein Dinner ist ein Genuss. *Kein Ruhetag, Zuidzandstraat 43, Tel. 050/33 18 72,* €€

Breydel-De Coninck
Spezialhaus für Muschelliebhaber. Sie können so viel essen, wie Sie mögen. Saison ist von August bis Mai. *Mi geschl., Breidelstraat 24, Tel. 050/33 97 46,* €€

Cafedraal
Die Spezialitäten in diesem Bistro sind Fischgerichte und Garnelenkroketten. *So geschl., Zilverstraat 38, Tel. 050/34 08 45,* €–€€

De Karmeliet
Die beste Adresse, kreative französisch-flämische Küche. *So abends und Mo geschl., Langestraat 19, Tel. 050/33 82 59,* €€€

De Schilder Insider Tipp
Bistro mit köstlichen Fischgerichten und zuvorkommender Bedienung. Im Sommer Terrasse. *Mo abends und Di geschl., Jan van Eyckplein 13, Tel. 050/34 64 62,* €

Häuser am Marktplatz in Brügge, dem Mittelpunkt der alten Stadt

EINKAUFEN

Hauptgeschäftsstraßen sind die *Steen*, die *Noordzandstraat*, die *St.-Amand-* und die *Wollestraat*. Einkaufspassagen sind *Zilverpand, Alberthal, De Brugse Hanze* und *Ter Steeghere*. Handgeklöppelte oder industriell hergestellte Spitzen: *The little Lace Shop (Markt); t'Kantjuweeltje (Philipstockstraat); Kantenparadijs (Rozenhoedkaai); 't Apostelientje (Balstraat)*. Souvenirs: *'t Snuisterietje (Walstraat); De Ryve (Mariastraat); Zwanespeel (J. Suvéestraat)*. Märkte: *Samstagvormittag auf dem Zand, Mittwochmorgen auf dem Markt. An den Wochenenden (April–Sept.) Flohmarkt am Dijver.* Bücher und Zeitschriften: *Brugse Boekhandel, Dijver 2*, große Auswahl an Büchern über Brügge und Flandern, die großen überregionalen deutschen Tageszeitungen. Comicliebhaber gehen zu *De Striep, Katelijnestraat 42;* die besten Pralinen verkaufen *Chocolaterie Sukerbuyc, Katelijnestraat 5,* und *Chocolate Line, Simon Stevinplein 19.*

ÜBERNACHTEN

In der Museumsstadt bieten fast alle Hotels preiswerte Arrangements an. Am Wochenende sind die Preise oft höher als in der Woche.

De Castillion

Jedes der 20 Zimmer im ehemaligen Bischofspalast ist individuell eingerichtet. Art-déco-Bar, Restaurant. *Heilige Geeststraat 1, Tel. 050/34 30 01, Fax 33 94 75, www.castillion.be,* €€

Europ Inside Tipp

Einfaches, aber komfortables Hotel in ruhiger Lage, nur wenige Gehminuten vom Zentrum entfernt, Zimmer teilweise mit Aussicht auf den Kanal vor dem Haus. *28 Zi., Augustijnenerei 18, Tel. 050/ 33 79 75, Fax 34 52 66, www.hotel europ.com, €*

Europa
Jugendherberge mit 208 Betten (Übernachtung ab 12,50 Euro). *Baron Ruzettelaan 143, Assebroek, Tel. 050/35 26 79, Fax 35 37 32, www.vjh.be, €*

Oud Huis Amsterdam
Eines der schönsten alten Hotels (17. Jh.), 34 Zimmer mit Blick auf die Gracht oder in den Garten. *Spiegelrei 3, Tel. 050/34 18 10, Fax 33 88 91, www.oha.be, €€€*

Ter Reien
An der Gracht, angenehmes und freundliches Stadthotel, romantisches Hochzeitszimmer. Mit Terrasse. *26 Zi., Langestraat 1, Tel. 050/ 34 91 00, Fax 34 40 48, www.hotelbel.com/terreien.htm, €€*

AM ABEND

In Brügge gibt es keine Polizeistunde. Das Nachtleben findet hauptsächlich am *'t Zand* und am *Eiermarkt* mit zahlreichen Cafés, Pizzerien und Kneipen statt. Sehr beliebt sind die Bierbar *Het Brugs Beertje (Mi geschl., Kemelstraat 5)*, das *Dreupelhuisje (Di geschl., Kemelstraat 9)* mit rund 100 Sorten Genever und das *Vlissinghe (Di geschl., Blekerstraat 2)*, eine ehemalige Herberge aus dem 15. Jh. mit origineller Einrichtung. Angenehm sitzt man auch im *Bistro Lautrec (St. Amandsstraat 5)* und im *Café Belle Epoque*. Die mittelalterliche Schenke *Le Garre (kein Ruhetag, De Garre 1, Markt)* hat bis 24 Uhr geöffnet. An Sommerabenden sind am Markt Glockenspielkonzerte zu hören *(Mo, Mi und Sa 21–22 Uhr)*.

STADTFÜHRUNGEN

Sie können eine *Kutschfahrt (30 Minuten, 27,50 Euro)*, eine *Grachtenfahrt (5,20 Euro)* oder eine *Rundfahrt mit dem Minibus (50 Minuten, 9,50 Euro)* unternehmen. Im Zentrum gibt es fünf Fahrradvermieter (Radmiete 8 Euro pro Tag, für einen halben Tag 5,58 Euro). Außerdem werden organisierte Ausflüge in die Umgebung angeboten.

AUSKUNFT

Dienst voor Toerisme
Burg 11, Tel. 050/44 86 86, Fax 44 86 00, www.brugge.be

ZIELE IN DER UMGEBUNG

Damme **[119 D2]**
★ An die Zeit, als dieser rund 5 km nordöstlich von Brügge gelegene Ort eine richtige Handelsstadt mit 60 000 Einwohnern war, erinnern das gotische *Rathaus* (1466–67) und die *Liebfrauenkirche* mit dem nie vollendeten, 45 m hohen gotischen Turm. Heute wohnen in dem einst wichtigen Wein- und Außenhafen von Brügge nur noch 8200 Menschen. 1180 verlieh Philipp von Elsass dem Ort seine Stadtrechte. Höhepunkt für Damme war die Hochzeit zwischen Karl dem Kühnen und Margareta von York im Jahr 1468. Durch Aufstände und Kriege verlor die Stadt an Bedeutung. Den Kanal ließ Napoleon von spanischen Kriegsgefangenen graben. Inzwischen hat sich das Dorf

mit mehr als einem Dutzend Restaurants und Antiquariaten zu einem touristischen Zentrum entwickelt. Am Leopoldskanal liegt der Landgasthof *Siphon (Do und Fr geschl., Tel. 050/62 02 02, €€)*. Bekannter Sohn der Stadt ist *Tijl Uilenspieghel*. Till Eulenspiegel, Freiheitsheld im Kampf gegen die Spanier, ist der Protagonist des gleichnamigen Prosaepos von Charles de Coster. Auf der »Lamme Goedzak« können Sie an einer Schiffsreise durchs Polderland nach Brügge teilnehmen *(fünfmal tgl. zwischen April und Ende Sept). Auskunft: Dienst voor Toerisme, Damme, Jacob van Maerlantstraat 3, Tel. 050/ 35 33 19, Fax 37 00 21*

Lissewege **[119 D2]**

Ein Polderdorf rund 12 km nördlich von Brügge mit weißen Häusern und einem 50 m hohen Kirchturm im Stil der Scheldegotik. Die *Liebfrauenkirche* (1230–60) kann besichtigt, der Turm bestiegen werden (Schlüssel beim Küster).

Nahebei, in *Ter Doest,* steht noch die monumentale, 60 m lange und 25 m breite gotische *Zehntscheune (April–Sept. tgl. 9–19 Uhr, Eintritt frei)*. Nur dieses unter Denkmalschutz stehende Bauwerk ist von der 1106 gegründeten Abtei erhalten geblieben. Neben der Scheune gibt es ein Ausflugslokal.

HEUVELLAND

[118 A–B 4–5] Das ★ »Hügelland« zwischen französischer Grenze und den Städten Ypern (Ieper) und Poperinge gehört zu den malerischen Gebieten Flanderns. Diese alte Kulturlandschaft, früheres Zentrum der flämischen Tuchindustrie, heute Mittelpunkt des Hopfenanbaus, ist ein beliebtes Ausflugsgebiet. Mit 151 m ist der *Kemmelberg* die höchste Erhebung des

Das Heuvelland im Westen Flanderns ist eine malerische Ferienlandschaft

Heuvellandes. Auf dem Berg gibt es einen Aussichtsturm und ein Restaurant. Wo heute Radrennfahrer um Medaillen kämpfen, war einst Kriegsschauplatz; davon zeugen die Kriegsgräberstätten. Das Heuvelland rund um den Kemmelberg bietet alles, was man von einer Ferienlandschaft erwartet: Natur, eine Menge Historie in den Städten und gute Gastronomie. Hotels: *Palace (11 Zi., Jeperstraat 34, Poperinge, Tel. 057/33 30 93, Fax 33 35 35, http://hotelpalace.virtualave.net, €€)*, im Zentrum, traditionsreiches, urgemütliches Stadthotel, typische Landesküche; *Kemmelberg (16 Zi., Berg 4, Kemmel-Heuvelland, Tel. 057/44 41 45, Fax 44 40 89, www.kemmelberg.com, €€€)*, Landgasthof mit Gourmetrestaurant.

Eine der unbekanntesten Gegenden Westflanderns liegt zwischen Kemmel und Alveringem, nah an der französischen Grenze und fern vom Rummel der Nordsee. Ein typisches Grenzdorf ist *Watou*, bekannt durch seine Klosterbrauerei und Landlokale, zum Beispiel *t' Hommelhof (Watouplein 17, Tel. 057/38 80 24, €€–€€€)* mit Bierküche. Drei Ferienhäuser für jeweils sechs, neun oder zwölf Personen in Abele/Watou: *Callicaansweg 2, Tel. 057/44 53 31, €€*. In Watou findet von *Juni bis Anfang Sept. (tgl. 14–19 Uhr)* der *Kunst- und Poesiesommer Watou* statt.

Auskunft

VVV-kantoor
Reningelststraat 11, Heuvelland (Kemmel), Tel. 057/45 04 55, Fax 44 89 99, www.ping.be/heuvelland

Knokke-Heist

[119 D1] Seebad (32 000 Ew.) mit einem Hauch von Snobismus, Luxus, Sandstränden, Spielkasino und grüner Natur. Die Gemeinde setzt sich aus den Stadtteilen Knokke, Heist, Duinbergen, Zoute und Albertstrand zusammen. Der mondäne Strandtourismus beginnt mit Albertstrand und endet in Het Zoute, dem angeblich reichsten Badeort Nordeuropas. Mittelpunkt ist das Spielkasino von 1930 mit dem größten Kronleuchter Europas. Sehenswert ist der Magrittesaal mit Wandmalereien des Surrealisten René Magritte. Rund 1500 elegante Geschäfte, Boutiquen und ein beachtliches kulturelles Angebot sind weitere Kennzeichen von Knokke.

Richtung Niederlande liegt *Het Zwin*, ein 1,5 km² großes Vogelschutzgebiet mit Wanderwegen. *Ostern–Sept. tgl. 9–19 Uhr, Eintritt 4,50 Euro (Gummistiefel!), Ooivaarslaan 8*

Übernachten

Ter Zaele
Ruhige Hotelvilla mit Schwimmbad. *19 Zi., Oostkerkestraat 40, Tel. 050/60 12 37, Fax 61 19 73, www.hotelterzaele.be, €€€*

Auskunft

Zeedijk 660, Tel. 050/63 03 80, Fax 63 03 90, www.knokke-heist.be

Ziele in der Umgebung

Blankenberge **[118 C1]**
Der 16 000-Ew.-Ort liegt rund 10 km westlich von Knokke-Heist.

Pause bei der Segelparade: Dreimaster im Hafen von Zeebrugge

Er gehört zu den ältesten Badeorten und verfügt nach Knokke-Heist über die meisten Gästebetten. Yachthafen mit rund 900 Liegeplätzen, Promenade. Der Strand ist 3 km lang und bis zu 350 m breit. Das ganzjährig geöffnete Seebad verfügt über ein Art-déco-Kasino von 1934 und das *Sea Life Center*, ein Meerwasseraquarium. Ein besonderes Vergnügen ist das *Velodrom:* Auf einer hölzernen Piste legt man auf teils merkwürdigen Rädern seine Runden zurück. Auch der 1873 erbaute, inzwischen restaurierte, 350 m lange Seepier gehört zu den Attraktionen des beliebten Seebades. Die Strandpromenade mit ihren Terrassencafés wird von modernen Appartements dominiert. Die *Gentelerroute* ist eine 33 km lange Fahrradroute, die ins Polderland führt. *Jeden Freitagvormittag (15. Mai–Sept. auch Mo) Markt. Unterkünfte in allen Preisklassen. Auskunft: VVV, Leopoldsplein, Tel. 050/41 22 27, Fax 41 29 21*

Zeebrugge **[119 D1]**
Ausgedehnter Fischerei- und Seehafen (7000 Ew.) 5 km westlich von Knokke-Heist. Ein empfehlenswertes Fischlokal ist *De Barcadère (So und Mo geschl., Tijdokstraat 8, Tel. 050/54 49 69, €€).*

KORTRIJK

[119 D5] Den Bürgern dieser Stadt wird auch heute noch ein lebhafter Handelsgeist nachgesagt. Kortrijk (72 000 Ew., französisch Courtrai), unweit der Grenze zu Frankreich gelegen, kann auf eine lange Geschichte zurückblicken und besitzt zudem einen *Beginenhof*, der einer der schönsten des Landes ist. In der *Liebfrauenkirche* hängen Gemälde

Insider Tipp

von Anthonis van Dyck und der Kölner Schule. Am *Grote Markt* sind der Belfried von 1307 und das spätgotische *Rathaus* sehenswert.

ÜBERNACHTEN

Insider Tipp

Hotel Groeninge
Gemütliches Hotel gegenüber der Liebfrauenkirche und in unmittelbarer Nähe vom Grote Markt. *10 Zi., Groeningestraat 1a, Tel. 056/22 60 00, Fax 20 01 88, www.hotelgroeninge.be, €€*

AUSKUNFT

Sint Michielsplein 5, Tel. 056/ 23 93 71, Fax 23 93 72, www.kortrijk.be

ZIEL IN DER UMGEBUNG

Ypern (Ieper) **[118 B4]**
★ Die einstige gotische Tuchmacherstadt (rund 30 km westlich von Kortrijk, heute 35 000 Ew.) wurde im Ersten Weltkrieg völlig zerstört. Die historischen Gebäude – etwa der *Belfried* und die *Lakenhal* (Tuchhalle), der größte gotische Profanbau Europas, die gotische *St.-Martins-Kathedrale* oder Bürgerhäuser aus der Zeit der Gotik und der Renaissance – sind zwar wieder aufgebaut worden, doch bis heute erinnert vieles an die Gefechte von damals. Im *Flanders Fields Museum (April–Sept. tgl. 10–18 Uhr, Okt.–März Di–So 10–17 Uhr, Kassenschluss 16 Uhr, Eintritt 7,50 Euro, www.inflandersfields.be)* kann man den »Großen Krieg« anhand von authentischem Filmmaterial nacherleben und die gigantische Zerstörung der Stadt und ihrer Umgebung sehen.

Südländische Gerichte und die besten Pizzas des Städtchens gibt es im *Al dente (Di abends und Mo geschl., Boomgaardstraat 24 A, Tel. 057/42 47 24, €–€€)*. Ein familienfreundliches Hotel mit schöner Aussicht auf den Grote Markt ist das *Old Tom (9 Zi., Grote Markt 8, Tel. 057/20 15 41, Fax 21 91 20, www.oldtom.be, €€)*. Da es in Ypern keine Disko gibt, trifft sich die Jugend abends entweder auf dem *Grote Markt* oder in der gemütlichen Kneipe *De Linea (Arthur Merguelynckstraat 18, Tel. 057/21 33 13)* auf ein Bier. *Auskunft: Dienst voor Toerisme, Grote Markt 34, Tel. 057/22 85 84, Fax 22 85 89, www.ieper.be*

OOSTENDE

[118 B–C2] »Königin der Seebäder« lautet der Ehrenname dieser pulsierenden und mit 71 500 Einwohnern größten belgischen Küstenstadt. Hier hat man sozusagen das Strandbaden erfunden. 1784 wurde erstmals eine Konzession erteilt, am Strand eine »Loge« zum Verkauf von Erfrischungen aufzustellen. König Leopold I. war Stammgast in Oostende, das um die Wende zum 20. Jh. als das frivolste Seebad weit und breit galt.

Noch immer ist der Fährhafen nach England ein Badeort, in dem man sich nicht langweilt. Es gibt den *Strandboulevard*, ein Kasino und autofreie Einkaufsstraßen. Das Geschäftszentrum mit Boutiquen, Cafés und Bistros konzentriert sich rund um die Straßen Vlaanderen-, Kapellen- und Alfons Pieterslaan. Zahlreiche Geschäfte haben auch am Sonntag geöffnet.

Insider Tipp

MUSEEN

James-Ensor-Haus
In diesem Bürgerhaus arbeitete der belgische Maler. Tod, Masken und Muscheln sind Themen seines Werkes. Im Parterre wurde der Souvenirladen seiner Tante rekonstruiert. Der erste Stock beherbergt eine Dokumentation, der zweite Stock Kopien seiner Arbeiten. *Juni bis Sept. Mi–Mo 10–12 und 14 bis 17 Uhr, Eintritt 1,24 Euro, Vlaanderenstraat 27*

Mercator
Der Dreimaster ist Museumsschiff und dümpelt im Yachthafen. *Juli/Aug. tgl. 10–18 Uhr, April–Juni und Sept. tgl. 10–12.30 und 14–17.30 Uhr, Jan.–März und Okt.–Dez. Sa und So 10–12.30 und 14 bis 16.30 Uhr, Eintritt 3,50 Euro*

Museum voor Schone Kunsten
Das Haus im Stadtzentrum präsentiert Werke zahlreicher belgischer Künstler, darunter einige von James Ensor (»Blumenhut«). *Mi bis Mo 10–12 und 14–17 Uhr, Eintritt 2 Euro, Wapenplein*

ESSEN & TRINKEN

Jan's Café
Brasserie und Café gegenüber dem Kasino, gut geeignet zum Lunch oder späten Abendessen. *Kein Ruhetag, Van Iseghemlaan 60, Tel. 059/70 19 34,* €

Maritza
In einer der schönsten Stadtvillen Oostendes kocht Jacques Ghaye seit Jahren anspruchsvoll. Man speist im klassischen Rahmen. *So abends, Mo und Di geschl., Albert-I-Promenade 76, Tel. 059/50 88 08,* €€€

De Mosselbeurs
Das Fischlokal liegt unscheinbar in einer Seitengasse, aber drinnen sitzt man dicht gedrängt. *Im Winter Di und Mi geschl., Dwarsstraat 10, Tel. 059/80 73 10,* €–€€

ÜBERNACHTEN

Avenue
Insider Tipp
Modernes Apartmenthotel zwischen Strand und den Geschäften von »Petit Paris«. Rund 50 m vom olympischen Schwimmbad, das die Hotelgäste gratis benutzen dürfen. *28 Zi., Koninginnelaan 27–29, Tel. 059/80 55 44, Fax 80 56 44, www.hotelavenue.be,* €€

Burlington
Bequemes Familienhotel mit großem Frühstücksbuffet in der Nähe vom Yachthafen. *40 Zi., Tel. 059/55 00 30, Fax 70 81 93, www.hotelburlington.be,* €€

De Ploate
Diese Jugendherberge ist die ideale Adresse für junge Entdeckungsreisende. Schmackhafte, preiswerte Küche (Abendessen ab ca. 7,50 Euro), Übernachtung mit Frühstück 14,90 Euro. *21 Zi. für 3–8 Personen, Tel. 059/80 52 97, Fax 80 92 74, http://travel.tu/deploate,* €

Thermae Palace Hotel
Historisches Badehotel direkt am Nordseestrand, Zimmer mit und ohne Seeblick, angenehme Atmosphäre. *160 Zi., Koningin Astridlaan 7, Tel. 059/80 66 44, Fax 80 52 74, www.adsleisure.com,* €€€

Einer der ruhigeren Badeorte am flämischen Nordseestrand ist De Haan

AUSKUNFT

Dienst voor Toerisme
Monacoplein 2, Tel. 059/70 11 99, Fax 70 34 77, www.flanderscoast.be/oostende, www.hotels.oostende.be

ZIELE IN DER UMGEBUNG

Bredene [118 C2]
Der 11 500-Einwohner-Ort rund 5 km östlich von Oostende ist ein bevorzugtes Ziel für Camper. Sechs Wanderwege führen durch die Dünen und das sich anschließende Polderland. Es gibt keine Strandpromenade, dafür aber jede Menge Strand und viel Sand. Die Kapelle *Onze lieve Vrouw ter Duinen* ist Wallfahrtsort der Fischer.

De Haan [118 C2]
Der Küstenort rund 10 km nordöstlich von Oostende wurde bereits 1887 als Bad erwähnt. Zusammen mit Wenduine, den Polderdörfern Vlissegem und Klemskerke zählt die Gemeinde De Haan 10 000 Einwohner. *De Haan aan Zee*, auch *Le Coq sur Mer* genannt, hat sich den Charme eines Familienbades bewahrt. Viele der Villen aus der Zeit der Wende zum 20. Jh. stehen unter Denkmalschutz. Typisch für De Haan sind die bewaldeten Dünen. Vom Ort aus führen zahlreiche Rad- und Wanderwege in die Polderlandschaft. Ein Anziehungspunkt ist die 31 m hohe Düne *Spioenkop*. In De Haan gibt es einige Hotels im Stil der Belle Époque, die zwar ein wenig altbacken sind, aber viel Atmosphäre haben, z. B. *Belle Vue* Insider Tipp *(40 Zi., Tel. 059/23 34 39, Fax 23 75 22)* und *Des Brasseurs (17 Zi., Tel. 059/23 52 94, Fax 23 65 96), beide €–€€.*

De Panne [120 A3]
Der rund 30 km südwestlich von Oostende gelegene Badeort mit 9500 Einwohnern verfügt mit einem 700–800 m breiten Strand über den schönsten Küstenstreifen Belgiens und ist zu allen Jahreszeiten gut besucht. Sportarten: Strandsegeln, Reiten und Wandern.

Eulenspiegel und Pallieter

Die beiden im Geist verwandten Brüder sind Repräsentanten der flämischen Volksseele

Zwei literarische Helden haben die Flamen: Tijl Uilenspieghel und Pallieter. Die heroisch-lustige Eulenspiegel-Legende schrieb Charles de Coster (1827–79). Der Schelmenroman, in dem es um die Liebe zu Flandern und gegen die spanische Fremdherrschaft geht, ist in der zweiten Hälfte des 16. Jhs. angesiedelt. Der »Pallieter« von Felix Timmermans (1886–1947) dagegen ist urflämisch: ein Epikureer, der die Sehnsucht des Menschen nach einem glücklichen und ungezwungenen Leben verkörpert. Pallieter ist ein hoffnungsloser Optimist, der das Leben als ein großes Fest begreift; einer, wie es im Original heißt, der den *»dag melkt«* und von dem Hermann Hesse sagte: »Er ist flämisch gesund wie die klassische Malerei des Landes.«

Ferienhäuser am Meer: *Strandpark, Nieuwpoortlaan 151, De Panne, Tel. 058/42 02 22, www.strandpark.be.* Zwei Naturreservate in der Umgebung sind die ★ *Westhoek,* auch »flandrisches Afrika« genannt, und die *Oosthoek.*

Diksmuide **[118 B3]**

Vom 84 m hohen *IJzerturm* verkündet eine Botschaft: *Alles voor Vlaanderen, Vlaanderen voor Christus.* Der Turm ist eine Gedenkstätte zur Erinnerung an die beiden Weltkriege. Im August ist er das Ziel von Friedenswallfahrten. Unvergessen bleibt der Erste Weltkrieg, in dem viele junge Flamen schon deshalb den Tod fanden, weil sie die Befehle ihrer französischsprachigen Offiziere nicht verstanden. *Langemark* und der *Soldatenfriedhof von Vladslo,* wo mehr als 25 000 Gefallene begraben sind, sind zwei von unzähligen Kriegsgräberstätten. In Vladslo steht die Plastik »Trauernde Eltern« der Berliner Künstlerin Käthe Kollwitz. Dort fiel während des Krieges der jüngste Sohn der Bildhauerin. *Rund 25 km südlich von Oostende*

Koksijde **[118 A3]**

Rund 25 km südwestlich von Oostende, eingebettet in einen weiten Dünengürtel, liegt dieses Familienbad (20 000 Ew.). Mit 33 m ist der *Hoge Blekker* die höchste Düne der Küste. Seit 1949 wird die Abtei *Ter Duinen* ausgegraben, das größte Zisterzienserkloster des Nordens. Im Ortsteil Sint-Idesbald finden Sie das *Paul-Delvaux-Museum* (*Juli/Aug. tgl. 10.30–17.30 Uhr, April bis Juni und Sept. Di–So 10.30 bis 17.30 Uhr, Eintritt 4,71 Euro, www.pauldelvaux.be*) mit Werken des belgischen Surrealisten. *Verkehrsamt: Zeelaan 24, Tel. 058/53 30 55, www.koksijde.be*

Insider Tipp

Lo-Reninge **[118 B4]**

Inmitten der weiten, grünen Polderlandschaft der Westhoek, rund

30 km südwestlich von Oostende, liegt die Kleinstadt Lo (3200 Ew.) mit ihrer großen Geschichte als Ort der Leineweber. Sehenswert sind das *Renaissance-Rathaus*, das *Stadttor* von 1629 und einige historische Giebelhäuser. Aus der früheren Augustinerabtei wurde der Landgasthof *Oude Abdij (35 Zi., Noordstraat 3, Tel. 058/28 82 65, Fax 28 94 07, €€).*

Nieuwpoort **[118 B2]**

Nieuwpoort-Bad (9000 Ew.), etwa 20 km südwestlich von Oostende, ist ein angenehmer Ort für Familienferien. Am Marktplatz der Stadt steht die Kornhalle, in der zwei Museen untergebracht sind: eines zur »Schlacht bei Nieuwport« (um 1600) und zum Ersten Weltkrieg und ein Naturkundemuseum. Im Turm der *Liebfrauenkirche* hängt ein Beiaard mit 67 Glocken. Sehenswert ist die Schleuse *Ganzepoort*. Großer Yachthafen; Hochseeangeltouren auf der *Jean Bart IV.*

Oostduinkerke **[118 A2]**

Ruhiges, rund 25 km südwestlich von Oostende gelegenes Seebad (8000 Ew.), vor allem bei Strandseglern und Reitern sehr beliebt. Berühmt geworden ist der Badeort wegen der reitenden Fischer: Mit ihren kräftigen Pferden ziehen die Fischer jeweils eine Stunde vor und nach dem Hochwasser die Netze ins Meer, mit denen Nordseekrabben gefangen werden. *Nationales Fischereimuseum, Schmitzstraat 4, Juli/Aug. tgl. und Sept.–Juni Di–So jeweils 10–12 und 14–18 Uhr, Eintritt 2 Euro*

Veurne **[120 B3]**

Rund 30 km südwestlich von Oostende liegt diese liebenswerte Kleinstadt (11 200 Ew.). Der *Marktplatz* Insider Tipp mit Giebelhäusern im Stil der flämischen Renaissance gilt als der schönste Westflanderns. Die interessantesten Gebäude sind das *Rathaus* (16./17. Jh.) mit Ledertapeten aus Córdoba, der *Spanische Pavillon* (15. Jh.), die *Alte Fleischhalle* (heute Stadtbibliothek) und die *Nikolauskirche* mit ihrem Backsteinturm (13./14. Jh.). Am Grote Markt gibt es Terrassenlokale. Sympathisches Hotel: *t'Croonhof, 14 Zi., Noordstraat 9, Tel. 058/ 31 31 28, Fax 31 56 81, www.croonhof.be, €€*

In Oostduinkerke helfen die Pferde beim Krabbenfischen

Hoher Himmel, altes Land

Burgundische Tradition hat das Land und die Kaiserstadt Gent geprägt

Die Provinz Ostflandern erstreckt sich zwischen dem Polderland, der niederländischen Grenze, der Sprachgrenze bei Ronse bis hin zur schiffbaren Schelde bei Antwerpen. Sie umfasst die Flämischen Ardennen, eine hügelige Landschaft, ebenso wie das Houtland, die fetten Polder des Meetjesland mit Seen, Wäldern und den typischen Holzzäunen. Dazwischen liegen weite Begonien- und Azaleenfelder. Gent, Hauptstadt der Provinz, hat 230 000 Einwohner und bildet mit den umliegenden Gemeinden das drittgrößte Ballungsgebiet in Belgien nach Antwerpen und Brüssel.

Die dicht bevölkerte Gegend ist touristisch nicht sehr bekannt. Zu Unrecht, denn dieses Land hat viel zu bieten: Angelseen, Wälder mit Wander- und Radwegen, Bauerndörfer und Orte, in denen europäische Geschichte geschrieben wurde. Und immer wieder stößt man auf Schlösser, Burgen, versteckte Abteien, zauberhaft in der verträumten Flusslandschaft an der Leie gelegen.

Nicht weit von Gent entfernt liegt das von einem Park umgebene Renaissanceschloss Ooidonk

Gent: Geschichtsbuch für Flaneure

GENT

Karte in der hinteren Umschlagklappe

[120 C1] Das markanteste Symbol der einst mächtigsten und nach Paris größten Stadt des Mittelalters ist der Belfried (niederländisch Belfort genannt), dessen 86 m hohe Turmspitze ein goldener Drache krönt, Symbol der Unbesiegbarkeit. Das im 9. Jh. gegründete »Ganda« kämpfte verbissen um seine Vorherrschaft. Am hartnäckigsten jedoch widerstand die Stadt ihrem berühmtesten Sohn, Kaiser Karl V., dem Habsburger auf spanischem Thron, als dieser 1540 eine Kriegssteuer erheben wollte. Karl rächte sich bitter: Zwei Dutzend Patrizier ließ er enthaupten, er nahm der Stadt ihre Privilegien, das Kloster

Von der Sint-Baafskathedraal in Gent blickt man weit über die Stadt

St. Bavo wurde geschleift und ein spanisches Fort errichtet. »Was für eine große und wunderliche Stadt«, hatte Albrecht Dürer noch 1528 notiert. Doch die Religionskriege, die Niederwerfung durch die Spanier (1584) und die Absperrung der Schelde (1648) besiegelten das Schicksal der mittelalterlichen Metropole und Tuchmacherstadt. Im 17. Jh. lebten nur noch 30 000 Menschen in Gent.

Im 19. Jh. folgte dank der Baumwollindustrie ein erneuter Aufschwung. Der Kanal Gent-Terneuzen wurde gebaut, und die Stadt erhielt eine Universität, an der heute 22 000 Flamen studieren. 1857 wurden hier sozialistische und christliche Gewerkschaften gegründet. Noch heute ist Gent (225 000 Ew.) Hochburg der flämischen Arbeiterbewegung. Seinen architektonischen Reichtum hat das »Manhattan des Mittelalters« im historischen Stadtkern bewahrt, der vor allem auf junge Leute eine große Anziehungskraft ausübt.

SEHENSWERTES

Belfort

Der 95 m hohe Belfried (14. Jh.) ist das Symbol der städtischen Macht. Sein *Beiaard* besteht aus 37 Glocken. Die berühmteste Glocke ist »Klokke Roeland«. 1425 wurde die Tuchhalle an den Belfried angefügt. In dem ehemals gotischen Saal, getragen von 20 Säulen, befindet sich ein Restaurant (Ratskeller). In der Tuchhalle wird eine audiovisuelle Schau zur Stadtgeschichte vorgeführt. *Tgl. 9–17 Uhr, Eintritt 2,48 Euro, Botermarkt*

Graslei

Im Wasser der Leie spiegeln sich die historischen Gildehäuser der Schiffer, die 1531 im Stil der Brabanter

Gotik errichtet wurden, der spätbarocke Getreidemesser von 1698 und das Renaissance-Zollhaus von 1682. Die Graslei war der alte Binnenhafen, heute befinden sich dort Restaurants.

Patershol

Das älteste Viertel der Stadt, einst Wohn- und Arbeitsplatz der Gerber und anderer Handwerker, ist nach seiner Sanierung zum beliebten Vergnügungszentrum geworden. Restaurants, Cafés und Gasthäuser, »auf alt« gemacht oder modern, oft teuer, findet man hier in Fülle. Winzige, holprige Gassen und Häuser mit gotischen Giebeln bestimmen das Bild. Das frühere Kloster der Beschuhten Karmeliter steht unter Denkmalschutz.

Sint-Baafskathedraal

★ Die dreischiffige Basilika St. Bavo beherbergt Flanderns bedeutendstes Kunstwerk: den *Genter Altar* der Brüder van Eyck aus dem Jahr 1432. Der Altar wird jährlich von mehr als 250 000 Menschen besichtigt. Sein Kernstück ist die Darstellung »Die Anbetung des Lammes«. Albrecht Dürer urteilte: »Das ist ein überköstlich, hochverständig gemähl«, und der Philosoph Hegel schwärmte: »Alles zugleich, Beginn und Vollendung.« In den Dreißigerjahren des 20. Jhs. wurden zwei der ursprünglich 20 Tafeln des Polyptychons gestohlen, eine ist noch immer verschollen. *Kathedrale April–Okt. tgl. 8.30 bis 18 Uhr, im Winter bis 17 Uhr, Eintritt frei; Altar Lamm Gottes April bis Okt. Mo–Sa 9.30–17 Uhr, So 13–17 Uhr, Eintritt 2,50 Euro, Sint Baafsplein*

St. Niklaaskerk

Die Nikolauskirche (13. Jh.) gilt als Musterbeispiel der Scheldegotik. Der Korenmarkt vor der Kirche ist heute mit seinen zahlreichen Cafés und Restaurants beliebter Treffpunkt. Die Hauptpost (1903–04) wurde im neogotischen Stil erbaut. Von der Michielsbrücke hat man einen schönen Blick auf die Stadtsilhouette mit ihren vielen Türmen. Insider Tipp *Mo 14–17 Uhr, Di–So 10 bis 17 Uhr, Korenmarkt*

MARCO POLO Highlights »Gent und Ostflandern«

★ **Sint-Baafskathedraal in Gent**
Die Genter Hauptkirche mit der »Anbetung des Lammes« der Brüder van Eyck (Seite 69)

★ **Oudenaarde**
In dieser alten Stadt wurden die berühmtesten Wandteppiche gewebt. Einige davon sind im Rathaus zu sehen (Seite 73)

★ **Sint-Martens-Latem**
In der Künstlerkolonie an der Leie suchten schon um die Wende zum 20. Jh. Bildhauer und Maler ihre Motive (Seite 73)

Historische Giebelhäuser am Vrijdagsmarkt in Gent

Vrijdagsmarkt

In der Mitte des großen Platzes steht das 1863 entstandene Denkmal von Jacob van Artevelde (1290 bis 1345), dem starken Mann der Stadt. Im Sockel des Standbildes können Sie die Wappen der Gilden betrachten. Zahlreiche Gasthäuser sorgen hinter hinter historischen Fassaden für das Wohl der Besucher, beispielsweise in *Nr. 22* und *Nr. 45*, im *Tooghuus (Nr. 43)* und im *Toreken* von 1460, das einst Gildehaus der Gerber war. Bemerkenswert ist auch das im Art-nouveau-Stil errichtete *Ons Huis* der sozialdemokratischen Arbeiterbewegung.

MUSEEN

Gravensteen

Eindrucksvolle Wasserburg aus dem 12. Jh. Von den Zinnen des dunklen Gemäuers haben Sie einen weiten Blick über Gents Skyline: nach Norden auf den Hafen, nach Süden auf die Kirchtürme der Stadt und den Belfried. Die Burg ist restauriert und dient als Museum. *Tgl. 9–18 Uhr, im Winter bis 17 Uhr, Eintritt 4 Euro, St. Veerleplein*

Het Huis von Alijn

Volkskundliches Museum mit 77 Zimmern, in denen Schaufensterpuppen in die Rolle von Handwerkern geschlüpft sind und z. B. Kerzen gießen und Schuhe herstellen. Historische Apotheke, Kramladen, Friseursalon. Das Museum besitzt außerdem ein Puppentheater. Das Museum ist in den so genannten *Godshuizen*, den Armenhäusern, untergebracht. Das älteste stammt aus dem 14. Jh. *Di bis So 11–17 Uhr, Eintritt 2,48 Euro, Kraanlei 65*

Museum voor Schone Kunsten

Im erneuerten und ausgebauten Museum für Schöne Künste ist die Flämische Schule des 15. und 16. Jhs. reich und eindrucksvoll vertreten. Zu sehen sind u. a. holländische Barockmalerei, Bilder der Familie Breughel, Werke von Anthonis van Dyck oder Jacob Jordaens. Aber auch Peter Paul Rubens, Frans Hals, Tintoretto, Auguste Renoir und James Ensor fehlen nicht. *Di–So 10–18 Uhr, Eintritt 5 Euro, Citadelpark*

ESSEN & TRINKEN

De Appelier

Gesund und preiswert, vegetarisches Restaurant. *Sa geschl., Citadellaan 47, Tel. 09/221 67 33, €*

t' Galgenhuisje

In dem historischen Gewölbekeller werden flämische Spezialitäten serviert. *Mo geschl., Groentenmarkt, Tel. 09/233 42 51,* €–€€

Insider Tipp **Georges**
Das Restaurant gehört zur Spitzenklasse flämischer Fischlokale. Im Aquarium schwimmt, was auf dem Speiseplan steht: Hummer und Krabben in Fülle. Spezialität des Hauses sind Austern. *Mo und Di geschl., Donkersteeg 23, Tel. 09/225 19 18,* €€–€€€

De Kamperfoelietuin
Flämische Gerichte, originell zubereitet. Terrasse. *Mo–Mi geschl., Hoogpoort 29, Tel. 09/224 38 91,* €€

Koningshuis
Hier treffen sich die Freunde des belgischen Königshauses, denn in dem bizarr ausgeleuchteten Herrenhaus steht alles, auch die Speisekarte, im Zeichen der Monarchie. *Mo und Di geschl., Sint-Michielsstraat 31, Tel. 09/225 86 33,* €€

Waterzooi
Flämische Küche, von einem kreativen Team zubereitet. Uraltes Ambiente. *Mi und So geschl., Sint Veerleplein 2, Tel. 09/225 05 63,* €€€

EINKAUFEN

Die auffallendste Einkaufsstraße im Zentrum ist die *Veldstraat.* Mode, Schuhe, Schmuck, Patisserien, Cafés und Delikatessengeschäfte gibt es auch hier: *Sint Niklaasstraat, Koestraat, Zwarte Zustersstraat, Bennesteeg, Kortedagsteeg.* Genter Spezialitäten sind z. B. Senf und Kräuter *(Huis Tierenteyn, Groentenmarkt 3)* oder Genever *(Bruggeman, Wiedauwkaai 56).* Souvenirs finden Sie bei *Crankindershys (Craanlei).*

Wer Brüsseler Spitzen sucht, wird auch in Gents Einkaufsstraßen fündig

Einen guten Überblick über die regionalen Produkte bekommen Sie Insider Tipp im neuen *Promotiecentrum voor oostvlaamse streekprodukten,* einem Promotionszentrum in der überdeckten Markthalle im mittelalterlichen *Vleeshuis (Groentenmarkt).*

Märkte

Blumenmarkt: Mo–Sa 7–13 Uhr, besonders schön am *Sonntag (7–14 Uhr). »Prondelmarkt«* (Trödel, Hausrat, Antikes, Kleider): *Fr–So 8–13 Uhr bei St. Jacobs, Beverhoutplein. Gemüse- und Früchtemarkt: Mo–Fr 7–13 Uhr, Sa 7–17 Uhr, Groentenmarkt*

ÜBERNACHTEN

Insider Tipp **Erasmus**

Stilvolles Haus aus dem 17. Jh. *11 Zi., Poel 25, Tel. 09/224 21 95, Fax 233 42 41, www.proximedia.com/web/hotel-erasmus.html, €€*

Ibis

Modernes 120-Zimmer-Hotel bei der Kathedrale. *Limburgstraat 2, Tel. 09/233 00 00, Fax 233 10 00, www.ibishotels.com, €€*

Sint Jorishof

Die Herberge wurde bereits 1228 erwähnt. Die modernisierten Zimmer liegen in zwei Gebäuden aus dem 18. Jh. Das Restaurant *(So geschl., €€)* gilt als das älteste der Stadt und serviert flämische Spezialitäten. *35 Zi., Botermarkt 2, Tel. 09/224 24 24, Fax 224 26 40, www.courstgeorges.com, €€–€€€*

Studentenzimmer

Von Juli bis September stehen rund 1000 Zimmer in Studentenwohnheimen zur Verfügung *(Tel. 09/264 71 00, Fax 264 72 96).* Bed & Breakfast: *Tel. 09/233 83 33, €*

AM ABEND

Diskotheken, Cafés und Nachtclubs finden sich im *Zuidkwartier* (Südviertel), rund um den *Sint-Pieters-Bahnhof* und im Studentenviertel am *Sint-Pietersplein.* Das *Tartuffe (Botermarkt 4, Do–Mo 9–3 Uhr)* ist eine Kombination von Nachtlokal und Kneipe – vor allem am Wochenende belebt. Aktuell: *Jazzlokal Duke, Schuurkenstraat 2.* Klassische Musik wird im *Literatencafé Sphinx (St. Michielshelling)* gespielt; zurückversetzt in die große Zeit der Flamen fühlt man sich in der *Dulle Griet (Vrijdagsmarkt),* und im *Waterhuis (Groentemarkt)* kann man zum Bierspezialisten werden. Die Kunst des flämischen Puppenspiels wird im *t'Spelleke van Folklore (Kraanlei 65, Tel. 223 13 36)* vorgeführt.

Rundfahrten auf der Leie werden auch am Abend angeboten. *Abfahrt um 20 Uhr, 36 Euro inkl. Diner, Auskunft: Benelux Reederei, Tel. 09/224 32 33*

AUSKUNFT

Dienst voor Toerisme

Belfried, Botermarkt 17 A, Tel. 09/266 52 32, Fax 225 62 88, www.gent.be

ZIELE IN DER UMGEBUNG

Aalst **[121 D2]**

In der früheren Tuchmacherstadt (76 500 Ew., ca. 25 km südöstlich von Gent) gruppieren sich die Sehenswürdigkeiten um den *Grote*

Markt: das *Schepenhuis* (Schöffenhaus) von 1125, das ehemalige *Rathaus* und der *Belfried,* der Stadtturm mit dem ältesten mechanischen Beiaard (von 1469, mit 52 Glocken). In der gotischen *St.-Martins-Kirche* (15. Jh.) ist das »Bildnis des hl. Rochus« von Peter Paul Rubens zu sehen. Ein Denkmal ehrt Dirk Martens (1446–1534), der bereits 1473 die erste Druckerei in Flandern betrieb. Vormittags *Blumenmarkt.*

Geraardsbergen **[120 C3]**

Das rund 35 km südlich von Gent gelegene regionale Zentrum an der Dender erhielt als erster flämischer Ort die Stadtrechte (1068). Die Stadt (30 000 Ew.) am 111 m hohen *Oudenberg* (schöne Aussicht bis hin zum Pajottenland) liegt bereits an der Sprachgrenze. Am *Grote Markt* stehen die gotischen Kirche *St. Bartholomäus* (15. bis 17. Jh.) und das *Rathaus* (14. Jh.). Eine Spezialität der Stadt ist *Mattetart,* ein kleiner Mürbekuchen, der mit einem Kaffee serviert wird.

Ooidonk **[120 B1]**

Das aus rotem Backstein gebaute Renaissanceschloss, ein Juwel flämischer Baukunst aus dem 16. Jh., hat im 19. Jh. eine gründliche Restaurierung erfahren. Das Anwesen mit seinem großzügigen Park liegt in einer der Leiebuchten nur etwa 15 km westlich von Gent. *Schloss April–Mitte Sept. So 14–17.30 Uhr, im Sommer auch Sa, Eintritt 5 Euro, Park tgl. 9–18 Uhr, Eintritt 0,75 Euro*

Oudenaarde **[120 B2]**

★ Die 27 000-Ew.-Stadt 25 km südwestlich von Gent liegt am Fuß der Flämischen Ardennen, im idyllischen Zwalmland. Vom 15. bis zum 17. Jh. wurden hier die in ganz Europa begehrten *verdures,* Wandteppiche mit Landschaftsszenen, hergestellt. Das *Rathaus* (1526–37) gehört zu den schönsten Belgiens. Im selben Gebäude befindet sich auch das Städtische Museum. An der Rückseite des Rathauses steht die romanische *Tuchhalle* (13. Jh.), harmonisch in die Fassade eingefügt wurde der Belfried. Besichtigt werden können auch die Kirche *Unsere Liebe Frau von Pamele* (1234), eine Kreuzbasilika im Stil der Scheldegotik, und *St. Walburga,* ein Gotteshaus im Stil der Brabanter Gotik (Bauzeit 12.–16. Jh.). Ein berühmter Sahne- und Himbeertortenbäcker ist *Luc Gijslinck (Mo geschl., Tussenbruggen 15).*

Sint-Martens-Latem **[120 B1]**

★ Um die Wende zum 20. Jh. war der heutige Genter Villenvorort Künstlerkolonie. In dieser von einer Windmühle (15. Jh.) dominierten Landschaft lebten Georges Minne, Albijn van den Abeele und Albert Servaes. Ihnen folgten die flämischen Expressionisten wie Frits van den Berghe, Malfait, die Brüder de Smet und Constant Permeke. Als »Latemer Schule« sind diese Maler in der Kunstgeschichte vertreten. Einige ihrer Arbeiten sind im *Museum (Di–Fr 10–17.30 Uhr, Sa und So 10–12 und 14–17 Uhr, Eintritt 2,50 Euro, Matthijslaan 3–5)* des benachbarten *Deinze* zu sehen; andere Werke hängen in Brüssel und Brügge. Sehr empfehlenswert ist im Ortsteil Deurle der Gasthof *Auberge du Pêcheur (Pontstraat 41, Tel. 09/282 31 44, Fax 82 90 58, www.auberge-du-pecheur.be, €).* Inside Tipp

Obstgärten, Seen und Schlösser

Das grüne Flandern im Tal der Maas ist voller farbenfroher Kontraste

Versteckt hinter schlanken Pappeln und dichten Hecken stehen Schlösser, Klöster und Herrenhäuser. Limburg mit seinen 44 Gemeinden wird als Flanderns »grüne Insel« bezeichnet. Ein großer Teil aller flämischen Wälder steht in dieser fruchtbaren Landschaft, in der die Maas die Grenze zu den Niederlanden bildet. Das Bauernland kann auf eine lange Geschichte verweisen, da hier einst die Grenze zwischen dem germanischen und dem römischen Reich verlief und Limburg große kulturelle und wirtschaftliche Bedeutung besaß. Römische Heerstraßen und mittelalterliche Handelsrouten führten durch die breite Flusslandschaft, in der der Deutschritterorden 1220 die noch immer eindrucksvolle Landkommandantur Alden Biesen gründete.

Für flämische Begriffe ist Limburg mit seinen 740 000 Einwohnern eine dünn besiedelte Provinz. Als Grafschaft Loon gehörte sie einst zum Fürstbistum Lüttich. 1839 wurde die Provinz in einen holländischen und einen belgischen Teil aufgeteilt. Außer einigen Oraniengetreuen wollten die meisten niederländischen Limburger beim flämischen Teil bleiben. Die Provinz mit ihrem besonderen Charakter ist vor allem wegen der guten Angebote für Ferien auf dem Bauernhof und dem Land beliebt.

Von viel grünem Land umgeben liegt dieser Bauernhof in der flämischen Provinz Limburg

Windmühle im Freilichtmuseum der Domäne Bokrijk bei Genk

BOKRIJK/GENK

[123 D4–5] ★ 🏃 5 km westlich der Stadt Genk befindet sich dieses 5,4 km² große Freilichtmuseum. Flämische Dörfer, Schulen, Kirchen, Wind- und Wassermühlen sowie zahlreiche Bauern- und Herrenhäuser sind in dieser Domäne wieder aufgebaut worden. Eine besondere Attraktion sind die Gebäude aus einem gotischen Stadt-

Mehr als 120 historische Gebäude sind in der Domäne Bokrijk zu sehen

viertel von Antwerpen. Alle Bauten sind im originalen Stil eingerichtet und können besichtigt werden.

Über das Gebiet verstreut finden Sie Cafés, Restaurants und urgemütliche Gasthäuser aus der Vergangenheit. Kutschen sind hier ein beliebtes Verkehrsmittel. Zur Domäne gehören ein Rosen- und ein Wildpark, ein Vogelgehege sowie ein Arboretum, und außerdem gibt es einen Spielpark für Kinder. Für den Besuch sollten Sie schon einen ganzen Tag veranschlagen. *April bis Okt. tgl. 10–19 Uhr, Eintritt Mo–Sa 5 Euro, So 7 Euro*

ESSEN & TRINKEN

't Koetshuis
Direkt am Freilichtmuseum liegt dieses nette Ausflugsrestaurant. *Kein Ruhetag, Domein Bokrijk, Tel. 011/26 54 07, €€*

Insider Tipp **De Zeeduivel**
Der »Seeteufel« liegt so unscheinbar in dieser Gegend, dass ihn nur Kenner finden. Spezialitäten sind Seeteufel mit Curry oder Hasselter Witteke, einem Schnaps, oder Lachs mit Chicorée und Basilikum. Familiäre Atmosphäre. *Mo und Di geschl., Hasseltweg 346, Genk, Tel. 089/35 25 77, €€*

ÜBERNACHTEN

Loonderhof
Landschaftlich schön gelegener Bauernhof aus dem 19. Jh. *4 Zi., Tongersesteenweg 23, Borgloon, Tel./Fax 012/74 11 84, www.borgloon.com/horeca/loonderhof, €*

De Schacht
Landgasthof mit Ambiente. *21 Zi., Noordlaan 36, Genk, Tel. 089/35 61 80, Fax 36 42 32, €*

AUSKUNFT

Domein Bokrijk
Tel. 011/26 53 00, Fax 26 53 10, www.limburg.be/bokrijk/bokrijk.html

ZIEL IN DER UMGEBUNG

Maasmechelen [123 E4–5]
Den Charakter dieses Gebietes rund 15 km östlich von Genk bestimmen weit auseinander liegende Dörfer, die zusammen diese 34 000 Einwohner große Gemeinde bilden. Ein kaum bekanntes Naturgebiet ist *De Mechelse Heide*, links vom Maasmechelener Kreuz. Reste der romanischen Burg *Elsloo*, in der deutsche Kaiser bis zur Eroberung durch die Normannen 881 wohnten, sind in *Kotem* bei Boorsem zu sehen. Von Boorsem können Sie Deichwanderungen nach *Uikhoven* unternehmen. Einsame Dörfer sind *Meeswijk* und *Leut* mit Gebäuden im maasländischen Stil, beschaulich ist auch das Städtchen *Rekem* an der Maas. Das Maasland ist ein Radlerparadies. Mehrere Hotels bieten Pauschalen an (inkl. Übernachtung/Frühstück, Lunchpaket und Menü). *Auskunft: Dienst voor Toerisme, Maasmechelen, Tel./Fax 089/76 96 16*

HASSELT

[123 D5] Die Provinzhauptstadt (66 000 Ew.) ist Einkaufs-, Verwaltungs- und Schulzentrum von Limburg, sie zählt rund 35 000 Schüler. Der *Grote Markt*, der relativ klein ist, wird von Giebelhäusern aus dem 16. und 17. Jh. umsäumt. Das Zentrum ist vor allem Fußgängerzone, auffallend die zahlreichen Modeboutiquen. Die bekanntesten Einkaufsgassen sind die *Demerstraat* und die *Koning Albertstraat*. Die Einkaufsstadt, in der man kostenlos die öffentlichen Busse benutzen kann, wird als Belgiens Geneverhauptstadt bezeichnet. Die Hotels haben günstige Wochenendarrangements im Angebot.

SEHENSWERTES

Japanischer Garten
Der größte Park dieser Art in Europa. *April–Okt. Di–Fr 10–17 Uhr, Sa und So 14–18 Uhr, Eintritt*

MARCO POLO Highlights »Limburg«

★ **Bokrijk**
Die Domäne bietet eine spannende Entdeckungstour durch die Vergangenheit Flanderns (Seite 75)

★ **Maaseik**
Historische Handelsstadt mit Bauwerken der maasländischen Renaissance, Barockkirchen und Maasrundfahrten (Seite 79)

★ **Alden Biesen**
Hier schuf sich der Deutschritterorden 1220 eine atemberaubende Anlage (Seite 84)

★ **Voeren**
Die flämische Enklave mit ihren Fachwerkbauten liegt zwischen Hügeln und Weideflächen inmitten wallonischen Gebiets (Seite 85)

3 Euro, Kapermolenpark am Gouveneur Verwilghensingel

Onze Lieve Vrouwekerk
Die barocke, im Zweiten Weltkrieg zerstörte Liebfrauenkirche enthält monumentale Grabmäler von Äbtissinnen und ein berühmtes Madonnenbild aus dem 14. Jh. Alle sieben Jahre findet zur Madonnenverehrung die Virga-Jesse-Wallfahrt statt (das nächste Mal 2003). Auf dem kleinen Vorplatz steht das Bronzedenkmal des Stadtriesen »Langeman«. *Kapelstraat*

St. Quintinuskathedraal
Die Ursprünge der Kathedrale reichen bis ins 11. Jh. zurück. Der frühgotische Turm kann bestiegen werden. Von Juni bis August wird jeden Sonntag um 15 Uhr ein Konzert mit dem Glockenspiel in der Kathedrale gegeben. *Fruitmarkt*

MUSEEN

Insider Tipp **Genevermuseum**
In der gefliesten »Probierstube« des Hauses werden Hasselter *wittekes* (»Kleine Weiße«), ca. 130 Sorten, ausgeschenkt. Die Sammlung dokumentiert die Brennereigeschichte. *April–Okt. Di–So 10–17 Uhr, Nov. bis März Di–Fr 10–17 Uhr sowie Sa und So 13–17 Uhr, Eintritt 3 Euro, Witte Nonnenstraat 19*

Stedelijk Modemuseum
Das Städtische Modemuseum befindet sich im modernen Flügel eines Klosters. Zu sehen ist Mode aus der Zeit des Rokoko bis heute. *April bis Okt. Di–So 10–17 Uhr, Nov.–März Di–Fr 10–17 Uhr, Sa und So 13 bis 17 Uhr, Eintritt 3 Euro, Gasthuisstraat 11*

ESSEN & TRINKEN

De Groene Hendrickx
Brasserie mit großem Garten. Hier trifft man sich zum Kaffee, Bier oder Essen. *Kein Ruhetag, Zuivelstraat 25, Tel. 011/24 33 39, €*

Martenshuys
Bistro im historischen Herrenhaus. Muscheln, Fisch- und Fleischgerichte. *Kein Ruhetag, Zuivelmarkt 18, Tel. 011/22 96 56, €–€€*

Scholteshof Insider Tipp
Außerhalb der Stadt. In der Gutsherrenanlage aus dem 17. Jh. wird die beste Küche Flanderns auf höchstem Niveau zubereitet. 18 geschmackvolle Zimmer. Tische im Garten und auf der Terrasse müssen Sie reservieren lassen. *Mi geschl., Kermtstraat 130, Stevoort, Tel. 011/25 02 02, Fax 25 43 28, www.scholteshof.be, €€€*

EINKAUFEN

Dienstag- und Freitagvormittag gibt es im Stadtzentrum einen Wochenmarkt. *Kolonel Dusartplein*

ÜBERNACHTEN

Century
Relativ ruhig gelegenes Stadthotel. *12 Zi. und 4 Appartements, Leopoldplein 1, Tel. 011/22 47 99, Fax 23 18 24, www.century.be, €€*

Holiday Inn
Erstes Haus am Platz mit allem Komfort wie Schwimmbad, Sauna und Fitnesscenter. *106 Zi., Kattegatstraat 1, Tel. 011/24 22 00, Fax 22 39 35, www.holiday-inn.com/hasselbel, €€€*

AUSKUNFT

Dienst voor Toerisme
Lombaardstraat 3, Tel. 011/ 23 95 40, Fax 22 50 23, www. hasselt.be

MAASEIK

[123 E4] ★ Am linken Ufer der Maas liegt diese historische Stadt; seit der Gemeindereform von 1977 zählt sie 21 000 Einwohner. 1244 als das Handelszentrum Nieuw-Eycke gegründet, entwickelte sich der Ort im 14. Jh. zu einer strategisch wichtigen Stadt. Im Lauf der Jahrhunderte wurde Maaseik immer wieder belagert, geplündert und zerstört. Vom historischen Teil ist nur ein Stück Stadtwall erhalten geblieben. Im alten Kern findet man aber noch zahlreiche Gebäude im Stil der maasländischen Renaissance und gleich drei barocke Kirchen: die *Katharinen-*, die *Franziskaner-* und die *Kreuzherren-* oder *St.-Jakobs-Kirche*. Auf dem weiträumigen *Grote Markt* steht das Denkmal der Brüder Hubert und Jan van Eyck, die Anfang des 15. Jhs. wahrscheinlich hier geboren wurden. Von ihnen stammt das berühmte Altarbild »Die Anbetung des Lammes« in der Genter Kathedrale St. Bavo. Maaseik ist zudem ein bekanntes Wassersportzentrum.

SEHENSWERTES

Der Stadtrundgang dauert ungefähr eine Stunde – er beginnt auf dem fast rechteckigen *Grote Markt*, in dessen Mitte das Marmorstandbild der Brüder van Eyck steht. Die im maasländischen Stil gebauten Häuser tragen zum Teil noch ihre alten Namen. Das schmalste Haus der Provinz steht an der Ecke zur *Bosstraat* und heißt *De Nootstal:* Der Giebel ist ganze 2 m breit. Sehenswert ist auch *Den Swaen* sowie die älteste Apotheke Belgiens (*De Oude Apotheek*, Nr. 46, eingerichtet als Museum) und *De Oranieboom* (*Nr. 45*, heute Verkehrsamt). Das Rathaus stammt aus dem 19. Jh. Ebenfalls am Markt, in der *Boomgaardstraat Nr. 30*, steht das Haus, in dem die *Bokkerijders* zwischen 1780 und 1785 ihre Treffen abhielten. Sie waren der Überlieferung nach eine Räuberbande, die auf Ziegenböcken durch die Luft fegte. Das schönste Haus, *De Verkeerde Wereld*, steht in der *Bosstraat;* im *Stenen Huis (Nr. 21)* residierte der Abgesandte des Fürstbischofs von Lüttich.

Der Spaziergang führt durch die *Halstraat* über die *Capucienenstraat* zur *Grote Kerkstraat*. In der *Catharinakerk* werden seltene Kirchenfunde bewahrt, darunter auch das älteste Buch des Landes, der *Codex Eyckensis*, ein Evangeliar aus dem 8. Jh. Die reich illustrierte Handschrift stammt aus der 2 km entfernten Abtei *Aldeneik*.

In *Ophoven* gibt es *Maasrundfahrten* mit *»De Paep« (Juli/Aug. Mi, Sa und So 13.30, 15.30 und 17.30 Uhr, 6,20 Euro, Tel. 089/ 56 75 03) und jeden So 9–16 Uhr* einen *Trödelmarkt*.

MUSEUM

Die historische Apotheke, eine Bäckerei und das regionale Archäologische Museum bilden gemeinsam das *Museactron. April–Juni und Sept. Di–So 10–17 Uhr, Juli/Aug.*

tgl. 10–17 Uhr, Okt.–März Di–So 10–12 Uhr und 14–17 Uhr, Eintritt 2 Euro, Lekkerstraat 5

ESSEN & TRINKEN

Oeterdal
Landschaftlich schön gelegenes Restaurant mit Gartenterrasse. Auch Komforthotel mit 24 Zimmern. *So geschl., Neeroeterenstraat 41, Tel. 089/86 37 17, Fax 51 82 71, €€*

Prinsenhof
Feines Stadtrestaurant mit kreativer Küche. *Sa nachmittags und Fr geschl., Koning Albertlaan 28, Tel. 089/56 51 63, €€*

ÜBERNACHTEN

Aldeneikerhof
Familienhotel in stimmungsvoller Umgebung. *8 Zi., Hamontweg 103, Tel. 089/56 67 77, Fax 56 67 78, aldeneikerhof@pi.be, €€*

Insider Tipp **Kastell Wurfeld**
Stilvoller Landsitz inmitten einer Parkanlage. Angenehme Atmosphäre. *16 Zi., Kapelweg 60, Tel. 089/56 81 36, Fax 56 87 89, www.kastellwurfeld.be, €€*

AUSKUNFT

Dienst voor Toerisme
Markt 1, Tel. 089/81 92 90, Fax 81 92 99, www.maaseik.be

ZIELE IN DER UMGEBUNG

Aldeneik **[123 F4]**
Der Weiler 2 km östlich von Maaseik ist fast vollkommen von Wasser umgeben, zahlreiche Baggergruben und Flussarme bilden das Wassersportzentrum *Heerenvlak.* Der Yachthafen bietet 480 Schiffen Platz. Das Freizeitgebiet ist bei den Deutschen sehr beliebt.

Mittelpunkt von Aldeneik ist das 730 gegründete *Frauenkloster.* An die Anlage erinnert noch die romanisch-gotische *Abteikirche,* die nur an Sonn- und Feiertagen geöffnet ist. Auf den Pfeilern des Mittelschiffes sind Fresken aus dem 12. und 13. Jh. erhalten. Der neogotische Turm von *St. Anna* stammt aus den Jahren 1875–90.

Bree **[123 E3]**
Die 20 km nordwestlich von Maaseik gelegene, einst ummauerte Stadt (13 500 Ew.) ist umgeben von einem großen Ausflugsgebiet. Sehenswert sind das *Rathaus* (Städtisches Museum) von 1587 und die gotische *Michaelskirche* aus dem 15./16. Jh.

Im Dorf *Grote Brogel* soll der Überlieferung zufolge der Maler Pieter Breughel d. Ä. geboren sein, und zwar in *Het Ooievaarsnest* an der Hoogstraat.

Kinrooi **[123 E3]**
Kinrooi liegt rund 7 km nördlich von Maaseik. Neben den Naturreservaten *Stramproyerbroek* und *Vijverbroek* ist vor allem dieser Ort (11 000 Ew.) als Wassersportgebiet bekannt. Außerdem führt eine ausgeschilderte Mühlenroute an drei der insgesamt zwölf limburgischen Windmühlen entlang. In der *Zorgvlietmolen* in *Molenbeersel* ist ein bescheidenes Museum eingerichtet, das nur im Sommer zugänglich ist. *Auskunft: Dienst voor Toerisme, Maasstraat 50 B, Molenbeersel-Kinrooi, Tel./Fax 089/56 47 36, kinrooi@toerismevlaanderen.be*

SINT TRUIDEN

[122 C5] Schätzungen besagen, dass fast 200 000 Obstbäume im weiten Kreis um die alte Handelsstadt des Haspengaus wachsen. Im Frühsommer werden Kirschen, im Herbst Pflaumen, Äpfel und Birnen geerntet, die auf dem Markt direkt vom Bauern gekauft werden können oder von der größten Obstversteigerung des Landes aus ihren Weg in die Welt finden. Erbaut wurde die Stadt rund um die im 7. Jh. gegründete Abtei *St. Trudor.* Durch ihre Lage an der Handelsroute Köln–Brügge kam die »Fruchtstadt« (heute 37 000 Ew.) schnell zu Wohlstand. Der Marktplatz ist nach demjenigen von St. Niklaas der größte des Landes: Parkprobleme im Zentrum gibt es nicht. Sie sollten auf jeden Fall eines der vielen Terrassenlokale besuchen, die Spezialitäten wie Kirschkuchen und Binkenbier anbieten.

SEHENSWERTES

Altstadt
Drei Türme beherrschen den Markt: der 1606 erbaute schlanke Belfried des barocken, 1754 in Mergel- und Ziegelstein errichteten *Rathauses;* dahinter der Turm der *Liebfrauenkirche* (gotisch, mehrfach abgebrannt und 1972 renoviert), und unmittelbar daneben der Turm des 102 m langen romanischen Westbaus der ehemaligen *Benediktinerabtei.*

MUSEUM

Festraetsstudio
Mittelpunkt der Ausstellung ist die 1942 aus 20 000 Einzelteilen konstruierte astronomische Uhr. Das größte feinmechanische Instrument der Welt, gefertigt von Kamiel Festraets, ist 7 m hoch und wiegt vier Tonnen. Wenn die Uhr schlägt, tritt aus ihr der Tod als Sensenmann heraus, gefolgt von Symbolfiguren der zwölf mittelalterlichen Zünfte. Im Museum steht außerdem ein Nachbau des Foucaultschen Pendels. Sehenswert ist auch das »Wunderschiff«. *April–Okt. Di–So 13.45, 14.45, 15.45 und 16.45 Uhr, Eintritt frei, Begijnhof 24*

ESSEN & TRINKEN

De Mein
Fischspezialitäten, beispielsweise gehaltvolle Bouillabaisse. *Di mittags und Mo geschl., Meinstraat 3, Tel. 011/68 97 34,* €€

Die MARCO POLO Bitte

WWF

Marco Polo war der erste Weltreisende. Er reiste in friedlicher Absicht, verband Ost und West. Er wollte die Welt entdecken, fremde Kulturen kennen lernen, nicht zerstören. Könnte er heute für uns Reisende nicht Vorbild sein? Aufgeschlossen und friedlich sollte unsere Haltung auf Reisen sein. Dazu gehören auch Respekt vor Mensch und Tier und die Bewahrung der Umwelt.

»Theater«-Brasserie
Charme und gute Qualität zeichnen dieses moderne Lokal am Markt aus, es wird italienisch gekocht. Frühstück bis 11 Uhr. *Kein Ruhetag, Grote Markt 28, €€*

EINKAUFEN

In dem Handelsplatz der Haspengauer Obstbauern ist die Auswahl an Früchten traditionell gut. Die Anzahl der Obstgeschäfte wird nur noch durch die der Patisserien überboten. Spezialitäten sind Käsekuchen, *kattekoppen* (Apfel in Blätterteig) und Fruchtsäfte sowie Fruchtweine und Konfitüre.

Märkte
Antik- und Gebrauchtwarenmarkt: Speelhoflaan, Sa 10–16 Uhr. Allgemeiner Markt: Grote Markt, Sa 7–12 Uhr. Viehmarkt: Speelhoflaan Do 6–10 Uhr. Abendmarkt: Grote Markt, Ende Juni 20–23 Uhr

ÜBERNACHTEN

Cicindria
Angenehmes Quartier in Altstadtnähe. *25 Zi., Abdijstraat 6, Tel. 011/68 13 44, Fax 67 41 38, €€*

New Charlton
Modernes, etwas verkitschtes Hotel am Stadtrand. Geräumige Zimmer, Bar und Frühstücksterrasse. *18 Zi., Luikersteenweg 232, Tel. 011/ 67 26 38, Fax 67 36 88, €€*

AUSKUNFT

Dienst voor Toerisme
Stadhuis, Grote Markt, Tel. 011/ 70 18 18, Fax 70 18 20, www.sinttruiden.be

ZIELE IN DER UMGEBUNG

Haspengau **[122 C5–6]**
Das Haspengauer Land rund um Sint Truiden eignet sich für kleinere Entdeckungsreisen. Die *Haspengouw-Route* führt an schönen Bauerndörfern und alten Schlössern vorbei und immer wieder durch die liebliche Obstplantagenlandschaft. In *Ordingen* steht eine Kommandantur des Deutschen Ordens, in *Brustem* eine Burgruine aus dem 12. Jh., weitere Schlösser finden sich in *Gelmen, Duras, Heks, Rijkel* und *Heers. Kortenbos* ist ein bekannter Wallfahrtsort mit einer sehenswerten barocken Liebfrauenbasilika. Unweit der Kirche liegt das Schloss Kortenbos (18. Jh.). Am schönsten ist eine Fahrt durch den Haspengau zur Zeit der Baumblüte im Frühjahr.

TONGEREN

[123 D6] Der stumpfe, 64 m hohe Turm der Liebfrauenbasilika ist der Blickfang der ältesten Stadt des Landes. Der geschäftige Handelsplatz (30 000 Ew.), 105 m hoch gelegen, hieß in römischer Zeit Atuatuca Tungrorum. Auf dem Grote Markt beeindruckt das Denkmal des Ambiorix, jenes Eburonenfürsten, der gemeinsam mit anderen gallischen Stämmen 54 v. Chr. eineinhalb römische Legionen vernichtend schlug. Cäsar nahm Rache und ließ das Volk der Eburonen fast ausrotten. Tongeren war in früheren Jahrhunderten größer als heute, wie die einst rund 4,5 km lange äußere und die 2,7 km innere Stadtmauer beweisen. Bruchstücke davon sind noch erhalten. Die im

Turm der Liebfrauenkirche und Denkmal des Ambiorix in Tongeren

Mittelalter blühende Stadt wurde 1677 von französischen Truppen eingeäschert. Von dieser Katastrophe sollte sich der Ort, mit sieben Straßen damals ein wichtiger Verkehrsknotenpunkt, nicht mehr erholen. Von den keltischen Ursprüngen Tongerens zeugen die zahlreichen Tumuli, Grabhügel, die in der Umgebung der Stadt zu sehen sind, vor allem an der Straße nach Bavai im heutigen Französisch-Flandern.

SEHENSWERTES

Begijnhof

Der Beginenhof, gegründet 1257, stammt in seiner jetzigen Form aus dem 18. Jh., der Zeit seiner größten Blüte. In den 90 Häusern wohnten rund 300 Beginen. Das mit einer Mauer von der Außenwelt abgeschirmte Viertel hat sechs Gassen, drei Wasserpumpen, ein Brauhaus, ein Krankenhaus und die Catharinakirche, erbaut im romanisch-gotischen Stil (13. Jh.). An den Beginenhof angelehnt ist der malerische *Lakenmakerstoren* (Tuchmacherturm). Er ist einer der ursprünglich 60 Stadttürme, die von den Handwerksgilden bewacht wurden. Diesen Turm bewachte die Zunft der Tuchweber.

Stadtspaziergang

Rundweg entlang historischer Sehenswürdigkeiten, gekennzeichnet durch Messingköpfe im Pflaster *(Plan beim Verkehrsamt)*.

MUSEEN

Onze Lieve Vrouwebasiliek

Hinter dem Bronzedenkmal des Ambiorix, der Cäsars Legionen besiegte, erhebt sich die Liebfrauenkirche. Im Innern der Basilika, an der drei Jahrhunderte gearbeitet wurde, beeindruckt im romanischen Kreuzgang der streng stilisierte, monumentale Christus am Kreuz. Im Chor steht ein großartiger Schnitzaltar (um 1520). Die Schatzkammer gilt als die reichste des Landes; sie enthält auch Arbeiten aus der spätrömischen und aus der Merowingerzeit. *April–Sept.*

tgl. 10–12 Uhr und 13.30–17 Uhr, Eintritt 2,50 Euro, Grote Markt

Provinciaal Gallo-Romeins-Museum
Das Gallo-Romanische Museum zeigt in einem modernen Gebäude Fundstücke aus der prähistorischen und römischen Epoche Limburgs, u. a. Gläser, Schmuck und Münzen sowie Keramik und Waffen aus der merowingischen Zeit. Das wertvollste Stück ist ein 1989 entdecktes römisches Bodenmosaik. *Mo 12 bis 17 Uhr, Di–Fr 9–17 Uhr, Sa und So 10–18 Uhr, Eintritt 5 Euro, Kielenstraat 15*

ESSEN & TRINKEN

Biessenhuys
In diesem Refugienhaus des Ritterordens werden Kalbsleber in Blätterteig und andere limburgische Köstlichkeiten serviert. *Di abends und Mi geschl., Hasseltsestraat 23, Tel. 012/23 47 09, €€€*

Insider Tipp **Stas-De Jong**
Typisch flämisches Restaurant, bekannt für seine Muschelgerichte in vier Zubereitungsarten. *Mo geschl., Grote Markt 29, Tel. 012/23 24 98, €–€€*

EINKAUFEN

Insider Tipp *Antik- und Altwarenmarkt: So 4 Uhr früh bis 13 Uhr am Leopoldwal. Wochenmarkt: Do, Zentrum*

ÜBERNACHTEN

Ambiotel
Komforthotel in zentraler Lage. *22 Zi., Veemarkt, Tel. 012/26 29 50, Fax 26 15 42, €€*

Begeinhof
Jugendherberge mit 82 Betten und vier Familienzimmern. *St. Ursulastraat 1, Tel. 012/39 13 70, Fax 39 13 48, €*

AUSKUNFT

Dienst voor Toerisme
Stadhuisplein 9, Tel. 012/39 02 55, Fax 39 11 43, www.tongeren.be

ZIELE IN DER UMGEBUNG

Alden Biesen **[123 D5]**
★ Nicht weit von der Stadt Bilzen (26 000 Ew.), in Nachbarschaft zu Rijkhoven, erhebt sich die Landkommandantur des Deutschen Ordens, errichtet an der Ost-West-Verbindung von Köln nach Flandern. Das idyllisch gelegene Anwesen des früheren Ritterordens, gegründet 1220, gilt als die größte Wasserburg des Nordens und wird jährlich von über 200 000 Menschen besucht. Der Gebäudekomplex, Kulturzentrum der Provinz mit Schlosskapelle, Torschenke und Restaurant, befindet sich in der Nähe des 1785 angelegten englischen Parks. *April bis 30. Okt. tgl. 10–19 Uhr, 16. Mai bis 16. Aug. tgl. 10–21 Uhr, Nov. bis März So 10–18 Uhr. Auskunft: Kasteelstraat 6, Bilzen-Rijkhoven, Tel. 089/51 93 44). Rund 10 km nordöstlich von Tongeren*

Borgloon **[123 D6]**
Im 11. Jh. war der 108 m hoch gelegene Ort (10 000 Ew., 5 km nordwestlich von Tongeren) die Hauptstadt der Grafschaft Loon, und in den Straßen ist noch etwas vom Charme alter Herrlichkeit zu spüren. Am *Vrijthof* steht die romanische St.-Oduls-Kirche, das wohl äl-

teste Gotteshaus des Lütticher Raumes. Eindrucksvoll ist auch das Rathaus im Stil der Maasländer Renaissance mit Laubengängen. Hotel mit Restaurant: *Het Klaphuis (8 Zi.), im Dorfkern, Kortestraat 2, Tel. 012/ 74 73 25, €*

VOEREN

[123 E6] ★ Die meisten Flandernreisenden versäumen es, einen Abstecher in die so genannte *Voerstreek* zu machen. Diese liebliche hügelige Landschaft mit ihren sechs Dörfern (4200 Ew.) gehört seit 1963 zur Provinz Limburg und hat wegen des Sprachenstreits zwischen Flamen und Wallonen immer wieder Schlagzeilen gemacht. Die Voerstreek liegt in unmittelbarer Nachbarschaft zu den drei Städten Lüttich, Aachen und Maastricht. Von den sechs Dörfern haben sich *Remersdaal* und *Teuven* am stärksten an Wallonien angeschlossen, die anderen vier – *Gravenvoeren, St. Martens, St. Pieters* und *Moelingen* – gelten als flämisch. Die wahrhaft idyllische Landschaft ist ideal zum Wandern und für einen Kurzurlaub.

ÜBERNACHTEN

Hof De Draeck
Stilvolles Schlosshotel in Hügellandschaft mit traditioneller Küche. *7 Zi., Hoofstraat 6, Teuven-Voeren, Tel. 04/381 10 17, Fax 381 11 88, €€–€€€*

De Pensool
Wunderschön gelegener ehemaliger Bauernhof, regionale Gerichte. *13 Zi., Kwinten 45, St.-Martens-Voeren, Tel. 04/381 24 85, Fax 381 33 54, www.pensool.com, €*

AUSKUNFT

Dienst voor Toerisme
Kerkplein 216, Tel. 04/381 07 36, Fax 381 21 59, http://users.skynet.be/mpy/voerwel.htm

Die Seele baumeln lassen: Biergarten in der lieblichen Voerstreek

Gotik und Waterloo, Bauernland und Künstlerdörfer

Die Touren sind in der Karte auf dem hinteren Umschlag und im Reiseatlas ab Seite 116 grün markiert

1 DURCH DIE FLÄMISCHEN ARDENNEN NACH BRÜGGE

Diese Autotour führt von Sint Truiden durch das Hügelland der Brabanter Wallonie und durch die Flämischen Ardennen nach Brügge. Sie besuchen Waterloo, die alten Weberstädte Geraardsbergen und Oudenaarde, die Künstlerkolonie von Sint-Martens-Latem. Bei dieser Reise meiden Sie die Schnellstraßen und suchen Wege durchs flämische Bauernland – was nicht immer ganz einfach ist. Die rund 350 km lange Tour können Sie – je nachdem, wie viele Zwischenstopps Sie einlegen – an einem Tag, besser jedoch an zwei Tagen zurücklegen.

Die Rundreise beginnt am Marktplatz von *Sint Truiden (S. 81)*, einer typisch flämischen Stadt, in Richtung *Zoutleeuw (S. 49)*. Von dort aus nehmen Sie die N 3 in Richtung *Tienen (S. 49)*. Die Zuckerstadt umfahren Sie auf der A 3 in Richtung Leuven. Nehmen Sie die Abfahrt Nr. 23 Richtung Oud Heverlee (N 25), und fahren Sie weiter über Nebenstraßen nach *Vaalbeek, St. Joris* und *Huldenbergen*. Der Weg führt durch eine sanft hügelige Landschaft mit Seen und Fischteichen, Wäldern und Ausflugslokalen weiter über *Overijse* und *La Hulpe* (N 253) bis nach *Waterloo*.

An dem Kreisverkehr biegen Sie nach links in Richtung Charleroi ab und sehen auf der rechten Seite den künstlich aufgeschütteten Löwenhügel (45 m), von dem man das *Schlachtfeld von Waterloo* betrachten kann. Hier besiegte die alliierte Armee am 18. Juni 1815 Napoleon. Das erste Etappenziel (rund 80 km) ist eine viel besuchte Touristenattraktion mit Souvenirläden, Kneipen, aber auch einem Panoramabild (1912) von der Schlacht.

Die Tour führt dann weiter durch das ländliche Brabant, vorbei an *Tubize* (N 253) – am Senneufer

Vom Löwenhügel aus lässt sich das Schlachtfeld von Waterloo überblicken

stehen eindrucksvolle, aber verrottete Eisenwerke – in die charakteristische Landschaft des *Pajottenlandes (S. 41)*, wo Pieter Brueghel d. Ä. gemalt hat. Durch verschlafene Dörfer wie *Bellingen, Breedhout* und *Elingen* kommen Sie nach *Gaasbeek (S. 46)* mit seiner mittelalterlichen Burg, wo es Zeit wird für einen Imbiss im *Molensteen (Mi und Do geschl., Donkerstraat 20, an der Kirche)*. Hier gibt es Bauernbrote mit Landkäse und Schinkenomelette.

Auf Nebenstraßen geht es dann nach *Geraardsbergen (S. 73)*, wo Sie in einem Café am Marktplatz bei Mattetart und Kaffee eine Entspannungspause einlegen können. Weiter führt die Tour durch die *Flämischen Ardennen* nach Oudenaarde. Die Flämischen Ardennen sind nicht ganz so eindrucksvoll wie die »echten« Ardennen. Die sich sanft wellende Hügelkette, bis zu 150 m hoch, mit ihren Wäldern, den Bauernhöfen und Feldern, durch die sich die Schelde mit ihren Nebenflüssen schlängelt, zeigt sich jedoch vor allem im Frühjahr in einer faszinierenden Farbenpracht: Insider Tipp Dann blühen hier die Waldhyazinthen. Hohl- und Feldwege sowie die *Wassermühlen-Route* führen Sie durch die hügelige Landschaft mit Mühlen und Höfen.

Mit *Oudenaarde (S. 73)* schließlich erreichen Sie an den »Hängen« der Flämischen Ardennen die Stadt, die einst das Zentrum der Teppichwebkunst in Flandern war. Die reizvolle Kleinstadt mit der großen Vergangenheit präsentiert in der Tuchhalle eine einmalige Sammlung von rund einem Dutzend so genannter Grünteppiche, *verdures:* Phantastische Blumen und Vögel bevölkern die grünen Tapisserien. Kaiser Karl V., der die Qualität der Teppiche gesetzlich sicherstellte, hatte mit der hübschen Weberstochter Jeanne van der Gheynst eine Liebesaffäre. Das Resultat der Verbindung war Margarete von Parma, die spätere Statthalterin der »Niederen Lande«. Besuchen Sie das *Städtische Museum* mit den berühmten Wandteppichen. Während der Blütezeit der Stadt im 16. Jh. arbeiteten hier etwa 20 000 Teppichwirker. Der Weber Gobeele schuf die ersten Bildteppiche. Er wurde in Frankreich mit seiner Kunst berühmt und sein Name im Begriff »Gobelin« unsterblich.

Der *Grote Markt* mit seinem spätgotischen Rathaus aus dem Jahr 1525, einem der schönsten Profanbauten des Landes, die angebaute ehemalige *Tuchhalle* und die aus blaugrauem Kalkstein erbaute *Walburgakirche* mit ihrem 90 m hohen Turm zählen ebenfalls zu den Sehenswürdigkeiten. In der Tuchhalle sind einige prächtige Gobelins aus dem 16. und 17. Jh. zu sehen, u. a. »Scipio und Hannibal«. Von besonderer Schönheit ist die im Stil der Scheldegotik – einem Übergangsstil von der Romanik zur Gotik – errichtete Kirche *Unsere Liebe Frau von Pamele*. Hotelempfehlung: *De Zalm (Hoogstraat 4, Tel. 055/31 13 14, Fax 31 84 40, €€)*. Am Markt liegen zahlreiche gute Restaurants, am alten Scheldearm beispielsweise *'T Veer (Do geschl., Tel. 055/30 25 88, €€)*, ein modernes Restaurant mit Terrasse, das vorzügliche Muschel- und Fleischgerichte serviert.

Von Oudenaarde geht es auf der N 494 über *Deinze* und der N 466 nach *Deurle* und *Sint-Mar-*

tens-Latem (S. 73). Inmitten von bewaldeten Hügeln, bunten Blumenfeldern und der dahinströmenden Leie liegen die Künstlerkolonien, die für die moderne belgische Kunstgeschichte wichtig sind.

Zwischen 1898 und 1901 kamen die ersten Künstler, unter ihnen Maler, Bildhauer und Schriftsteller, in diese Gegend. Zwischen 1905 und 1912 kam die zweite Künstlerwelle an die Ufer der Leie, die 180 km weit von Nordfrankreich aus durch Flandern fließt und in die Schelde mündet. Die Maler der »Latemser Schule« gelten als die Vorläufer für den flämischen Expressionismus: Frits van den Berghe, Constant Permeke, die Brüder Leon und Gustav de Smeet. Viele ihrer Werke können Sie in Deurle im *Museum J. Dhont-Dhaenens (15. Feb.–15. Dez. Mi–Fr 14 bis 17 Uhr, Sa und So 10–12 und 14 bis 17 Uhr, Museumslaan 14)* betrachten. Unweit davon, in der *Museumslaan 18,* befindet sich das *Museum Leon de Smeet.*

Anschließend können Sie sich bei einem Kaffee oder flämischen Bier im romantischen, gemütlichen Gasthof *Auberge du Pêcheur (S. 73)* neben der Kirche entspannen. Die zahlreichen Villen zeugen davon, dass das Künstlerdorf Deurle bei wohlhabenden Flamen ein beliebter Wohnort ist.

Auf dem Weg nach *Brügge (S. 52),* der Stadt des »goldenen Sonnenuntergangs«, werfen Sie schließlich noch einen Blick auf das Kastell *Ooidonk (S. 73),* das nach 1595 zu einem Lustschloss ausgebaut wurde. Sie erreichen es durch eine uralte Allee. Jährlich wird das bewohnte Anwesen, das den Loireschlössern ähnelt, von 25 000 Menschen besucht. Den teilweise zum Naturschutzgebiet erklärten Park kann man das ganze Jahr über besichtigen *(tgl. 9–18 Uhr, Eintritt 0,75 Euro).*

Bei einer Grachtenfahrt erschließt sich der Zauber der alten Stadt Brügge

2 RUND DURCH DAS FLÄMISCH-FRANZÖSISCHE GRENZLAND

Diese »Kronkeltour«, also eine Zickzackroute, führt Sie einen Tag lang durch einige der schönsten Grenzlandschaften mit alten Tuchmacherstädten und Bauernhöfen, aber auch zu den Schlachtfeldern aus dem »Großen Kriegs«, der diese alte Kulturlandschaft, in der es nach Hopfen und Erde riecht, geprägt hat. Die Länge der Rundreise beträgt rund 115 km.

Es muss herrlich gewesen sein, als von *Ypern (Ieper, S. 61)* aus die Schiffe, beladen mit kostbaren Tuchen, ausgefahren sind. Ypern, im 13. und 14. Jh. so bedeutend wie Gent oder Brügge, ist Ausgangspunkt der Grenzlandtour. Die glorreiche Tuchmacherstadt des Mittelalters wurde im Ersten Weltkrieg vollkommen zerstört. Umso mehr Bewunderung verdient es daher, dass die Stadt nach historischen Plänen und mit finanzieller Hilfe aus Deutschland Stein für Stein wieder aufgebaut wurde. Inzwischen hat Ypern beinahe die gleiche Patina angesetzt, die die anderen flämischen Städte so liebenswert macht. »Es gibt keinen heiligeren Ort als diesen«, soll Winston Churchill über das Städtchen gesagt haben. Rund um Ypern gibt es 147 Soldatenfriedhöfe, und noch immer gedenkt man der Gefallenen täglich: Um 20 Uhr wird unter der Meensepoort der »Last Post« geblasen.

Von Ypern aus geht es über die N 331 ins *Heuvelland (S. 58)* nach *Kemmel* und zum 151 m hohen *Kemmelberg,* der höchsten Erhebung im »Hügelland«. Hier werden die Frühjahrsklassiker der Radrennsaison gefahren. Das flämische Grenzland, die *Westhoek (S. 64),* mit historischen Orten wie Veurne,

Zerstört und wieder aufgebaut: die St.-Martins-Kathedrale in Ypern

Diksmuide oder Poperinge verlangt Mut zur Muße. Vom Kemmelberg hat man einen wunderbaren Blick ins Tal bis nach Frankreich.

Ausgedehnte Felder wechseln sich ab mit Flachsgärten und Insider Tipp uralten Gasthöfen, in denen die Bauern *Klaverjas* spielen, ein Kartenspiel, und Fremde freundlich bewirtet werden – etwa in *Dranouter,* der nächsten Station. Im *De Hollemeersch (Lettingstraat 58, Tel. 057/44 44 06, €€)* können Sie Lammfleisch aus der eigenen Zucht und deftige Bauernspezialitäten probieren. Die Straße windet sich weiter nach *Loker.*

Wald, wiederum weite Felder und Hopfenstangen: Jetzt befinden Sie sich im Anbaugebiet des flämischen Hopfens, mit dem das süffige Hommelbier gebraut wird. Auch Speisen werden mit diesem Bier zubereitet. *Poperinge,* die Hauptstadt des Hopfenanbaus, ist ein verschlafenes Städtchen, das im Krieg durch einen Vertrag zwischen den Kombattanten verschont blieb. Neben dem *Begijnenhof* ist auch jede der drei gotischen Kirchen eine Besichtigung wert: *St. Jan, St. Bertinus* und die *Vrouwekerk.* Ein gutes Restaurant finden Sie im Hotel *Amfora (7 Zi., Grote Markt, Tel. 057/ 33 88 66, Fax 33 88 77, €€).* In den Monaten März und April werden in den Restaurants Gerichte mit jungen Hopfensprossen serviert – Kenner lassen dafür jeden Spargel stehen.

Über *Watou (S. 59)* – für Bierfans: hier wird Witbier gebraut – geht es zur *Abtei St. Sixtus.* In dem gegenüberliegenden Gasthaus wird das dunkle Klosterbier gebraut. An der Quelle des Trappistenbieres (wahlweise mit sechs, acht oder zwölf Prozent Alkohol) sollten Sie auch die örtliche Spezialität probieren: *Hommelpaptart,* eine gelbe, süße Hopfenbreitorte. So gestärkt können Sie die Reise durch die Landschaft *De Moeren* fortsetzen: Sie »kronkeln«, fahren also im Zickzack, die *Bachten-de-Kupe-Route* entlang, durch das platte Polderland. Zwei hübsche Dörfer sind *Vinkem* und *Wulferingem.* Unter Denkmalschutz steht die weithin sichtbare *St.-Karel-Mühle,* die letzte Poldermühle in De Moeren.

Meilenweit sichtbar, wie stumpfe Bleistifte, ragen die Türme von *Veurne (S. 65)* aus dem Grün und grüßen die Besucher des Ortes mit ihrem Glockenspiel. Die gute Stube der wohlhabenden Tuchmacherstadt ist der Markt mit den Terrassencafés und den Renaissance-Gebäuden mit ihren Treppengiebeln. Den Kirchtürmen von *St. Niklaas* und die der vor 900 Jahren errichteten *Stiftskirche Walburga* widmete Rainer Maria Rilke 1907 diese Worte: »... in die Giebel steigend, wollen die Häuser alles sehn, die Türme vor einander scheu verschweigend, die immer maßlos hinter ihnen stehn.«

Die Kriegsvergangenheit ist in *Diksmuide (S. 64),* der letzten Etappe der Reise, gegenwärtig. Das Kriegsmuseum *De Dodengang (April–Sept. tgl. 10–12.30 und 13 bis 17.30 Uhr, Okt.–15. Nov. Mo bis Fr 10–12.30 und 13–17.30 Uhr, Eintritt frei),* ein Laufgrabensystem des Stellungskrieges, erinnert an die heftigen Kämpfe. Weiter geht es auf der N 369 wieder in Richtung Ypern durch eine Landschaft, von der Jacques Brel mit weher Stimme gesungen hat: »Het Platteland, mijn Flandernland«.

B 182
182

Bewegung auf der ganzen Linie

Ob im Pferde- oder Fahrradsattel, an der Nordsee oder auf dem Golfplatz: Flandern ist die richtige Adresse für Outdoor-Sportarten

Flanderns Strände gehören zu den angesagtesten Küstenstreifen an der ganzen Nordsee. Auf der 67 km langen Strecke zwischen Knokke-Heist, der Grenze zu den Niederlanden, und De Panne beim Übergang zu Frankreich, gibt es zahlreiche Strände, die alle von Rettungsbrigaden überwacht werden. Auf Hinweisschildern, den *verdwaalpalen,* die entlang der ganzen Küste zu sehen sind, wird angegeben, ob man schwimmen darf oder nicht. Beliebt und typisch für Flandern ist das Strandsegeln. Besonders auf den breiten Küstenstreifen zwischen De Panne und Oostduinkerke sind die »Segelwagen« unterwegs. Wenn man vom Wassersport absieht, unterscheidet sich das Sportangebot in Belgien kaum von dem in anderen westeuropäischen Ländern: Fitnessstudios gibt's wie Sand am Meer, Fußball- und Fahrradvereine auch.

Insider Tipp

GOLF

Das Spiel mit dem kleinen weißen Ball erfreut sich großer Beliebtheit.

Strandsegeln – rasantes Vergnügen in salziger Brise

In den letzten Jahren wurden zahlreiche Golfanlagen gebaut, in Flandern gibt es fast 40 Clubs. Die Dachorganisation koordiniert die einzelnen Clubs miteinander und setzt sich aktiv dafür ein, dass auf allen Niveaus gespielt wird. Nicht überall werden Gastspieler zugelassen. Nähere Informationen finden Sie unter *www.golfvlaanderen.be* oder *www.kbgf.be.* Einen schönen Golfplatz finden Sie in Pierpont, rund 10 km südlich von Brüssel, wo man die Bälle unter Schatten spendenden Bäumen über Hindernisse im Wasser schlägt.

RADFAHREN

Eddy Merckx ist bis heute das Vorbild vieler Radler geblieben, und dies wird wohl mit ein Grund sein, weshalb in Belgien noch immer mehr als 5000 professionelle Radrennfahrer registriert sind. So ist denn auch die *Ronde van Vlaanderen* einer der sportlichen Höhepunkte in Flandern.

Den Freizeitradlern steht ein 1600 km langes Fahrradwegenetz zur Verfügung, die so genannten *Landelijke Fietsroutes (LF).* Wer einen Fahrradurlaub plant, benutzt

Der Golfplatz von Knokke-Heist, eine von vielen Anlagen in Flandern

am besten diese ausgeschilderten Routen, denn auf den großen Wegen wird man schnell merken, dass flämische Autofahrer nicht auf Radfahrer eingestellt sind.

Bei den meisten Touristenbüros erhalten Sie spezielle Prospekte, auch solche mit selbst zusammengestellten Routen in der Region. Es gibt aber auch Hotels, die ein spezielles Arrangement inklusive Leihrad anbieten. An den meisten (großen) Bahnhöfen kann man Fahrräder für weniger als 10 Euro mieten.

Insider Tipp

Immer beliebter wird der Urlaub auf dem Reiterhof, von wo aus Sie nach Herzenslust ausreiten können. In Poperinge in der Provinz Westflandern, rund 30 km vom Nordseestrand entfernt und eingebettet in Wäldern und sanften Hügeln, liegt das alte Herrschaftsgut *'t Predikherenhof (6 Zi., Elverdingseweg 25, Tel. 057/42 23 66, €)*, von wo aus Sie auch organisierte Touren mit dem Planwagen *(huifkar)* unternehmen können. Details finden Sie auf der Website *www.hoevetoerisme.be.*

REITEN

Wer sich in den Sattel schwingen möchte, kann das auf Reitplätzen oder in Manegen tun, die es in jeder größeren Ortschaft gibt. Jedoch kann man keine Pferde mieten, um mit ihnen querfeldein zu reiten. Es gibt in Flandern 400 Pferde- und Ponyvereine *(www.equibel.be).*

SCHWIMMEN

Wer sich im Landesinnern aufhält, dem sei der Gang zum *recreatievijver,* ins Schwimmbad oder in eines der vielen tropischen Schwimmparadiese empfohlen. Vom Bad in Flüssen und Seen muss abgeraten werden, weil die meisten stark verschmutzt sind. Es gibt allerdings Ausnahmen wie etwa die Kleine Nete in der Umgebung von Antwerpen.

Aktuelle Informationen über die Wasserqualität finden Sie unter *www.vmm.be* oder beim örtlichen *Dienst voor Toerisme.* Nacktbaden ist an den normalen Stränden verboten. Wer trotzdem aus den Kleidern will, kann das einzig auf speziell gekennzeichneten Terrains der Belgischen Naturistenvereinigung *(www.naturisme.be).*

WANDERN

Die lokalen Touristenbüros haben fast ausnahmslos Spazierrouten zusammengestellt, die Sie zu den wichtigsten Sehenswürdigkeiten und in die schönsten Gegenden der Region führen. So können Sie u. a. wählen zwischen der *GR 512,* die Sie auf 75 km durchs Pajottenland in Brabant führt, oder der *GR 565,* dem *Sniederspad,* der Sie auf 110 km von Antwerpen nach Bladel bringt. Insgesamt gibt es in Flandern fast 3000 km ausgeschilderte Wanderwege. Sie werden mit *Grote Route* oder *Grande Randonnée (GR)* bezeichnet.

WASSERSPORT

Die vielen flämischen Flüsse und *meren* (Seen) eigenen sich vorzüglich zum Segeln oder Kanufahren. Die entsprechenden Geräte gibt's in allen größeren Orten zu mieten – beim Fremdenverkehrsbüro sagt man Ihnen, wo.

Ein Erlebnis der besonderen Art ist das Segeln auf einem Katamaran. Die Zwei-Rumpf-Flitzer können Sie in den Küstenorten chartern, etwa in Knokke-Heist oder in Oostende. Wenn Sie nicht selbst die Pinne dieses Rennbotes übernehmen möchten, tut dies ein Skipper für Sie. Ein Tagesausflug kostet allerdings inklusive Boot und Kapitän 790 Euro *(www.superidee.be).*

Wer am Strand mitmischen will, sollte sich mit Kitesurfen beschäftigen – z. B. in De Panne. Vor allem Teenager sind vernarrt in diese adrenalintreibende und nicht ganz ungefährliche neue Sportart, bei der das Segel durch einen Drachenflieger ersetzt wird. Das Tuch kann viel mehr Wind auffangen als das altbewährte Surfsegel, sodass die Person auf dem Brett riesige Sprünge von Welle zu Welle machen kann – vorausgesetzt, sie stürzt nicht in die Fluten *(www.vvw.be).*

In ein paar speziell dafür bestimmten Zonen an der Küste ist Wasserskifahren möglich. Allerdings kontrolliert die Wasserpolizei regelmäßig, ob die auf den Hinweisschildern angegebenen Zeiten und Geschwindigkeiten eingehalten werden.

Noch strenger sind die flämischen Behörden mit Benutzern von Jetskis. Es gibt dafür (noch) keine gesetzlichen Bestimmungen, aber in ein paar wenigen Zonen werden Jetskis geduldet, so zum Beispiel auf dem Albertkanaal zwischen der Brücke bei Massenhoven und jener bei Oelegem sowie auf dem Abflusskanal der Leie zwischen der Straßenbrücke bei Nevele und dem Gent-Oostende-Kanal. Auf der Seite *www.binnenvaart.be* oder bei der *Belgian Jet Sport and Boating Associations (Tel. 02/251 72 18)* bekommen Sie nähere Informationen.

Surfen kann man an so gut wie allen Stränden Flanderns.

Kinderfreundliches Flandern

Tiergärten, Vergnügungsparks und Kinderbauernhöfe: Für die Kleinsten wird in Flandern gut gesorgt

In Belgien wird Familienleben groß geschrieben. Mütter und Väter gehen sehr liebevoll mit ihren Sprösslingen um, was besonders beim gemeinsamen Plantschen und Burgenbauen am Strand gut zu beobachten ist. Wie kinderfreundlich das Land ist, zeigt sich auch in Hotels und Restaurants. In vielen Übernachtungsstätten dürfen zwei Kinder unter 12 Jahren gratis bei den Eltern im Zimmer schlafen, und in den Wirtshäusern wird schnell ein Kinderstuhl an den Tisch geschoben. Zwar steht nicht überall ein spezielles Kindermenü auf der Speisekarte – das Personal findet es aber meistens in Ordnung, wenn die Erwachsenen das Essen mit ihren Kleinen teilen.

ANTWERPEN

Bobbejaanland Lichtaart **[122 B2]**

Mit mehr als 50 Attraktionen gehört dieser Vergnügungspark zu den größten in Europa. Für viel Geschrei sorgt die »Mambo«, ein Karussell, das sich ultraschnell dreht.

Kinderwünsche werden in Flandern gern erfüllt

In der »Revolution«, einer 2,5 km langen Halle, rast ein Zug zwischen Kratern, Lawinen und einstürzenden Eiszapfen hindurch. *März–Okt. 10–18 Uhr, im Sommer 9.30 bis 19 Uhr, in den Herbstferien 10 bis 17.30 Uhr, Eintritt Erw. 22 Euro, Kinder über 1,20 m 22 Euro, 1 bis 1,20 m 13 Euro, unter 1 m gratis, Olensteenweg 45, www.bobbejaanland.be*

Fußgängertunnel in Antwerpen **[117 D5]** Insider Tipp

Der Spaziergang durch den 500 m langen Tunnel, der von St. Jansvliet bis an das linke Ufer der Schelde führt, ist für Kinder ein ganz besonderes Erlebnis. Vom Scheldedeich aus hat man eine wunderbare Aussicht auf die Stadt.

Zoo Antwerpen **[117 D5]**

Der 1843 eröffnete Tierpark *(Dierentuin)* liegt direkt beim Hauptbahnhof. Neben einem Reptilienhaus, einem Aquarium und einem Delfinarium gibt es ein »Nocturama«, in dem nachtaktive Tiere zu bewundern sind, und eine Eismeerwelt mit Seeottern und Pinguinen. Ergänzt wird der Park durch ein Naturhistorisches Museum (von

1885) und einen Ägyptischen Tempel. *Im Sommer tgl. 10–18.15 Uhr, im Frühling und Herbst bis 17.45 Uhr, im Winter bis 16.30 Uhr, Eintritt Erw. 13 Euro, Kinder (3–11 J.) 8,50 Euro, Koningin Astridplein 26, www.zooantwerpen.be*

BRABANT

Bruparck in Brüssel **[121 E2]**
Am Fuß des Atomiums liegt der Brupark mit einem subtropischen Schwimmbad und Spielplätzen, wo die Kleinen auch eine Reise durch ein »Mini-Europa« machen können. *Tgl. 9.30–17 Uhr, im Sommer bis 23 Uhr, an manchen Sommerwochenenden um 22.30 Uhr musikalisches Feuerwerk, Eintritt Erw. 11 Euro, Kinder ab 12 J. 8,50 Euro*

Six Flags Walibi **[121 F4]**
Der riesige Freizeitpark rund 22 km südöstlich von Brüssel bietet Dutzende von Attraktionen auch für die Allerkleinsten. Es gibt Tiershows und ein tropisches Schwimmparadies, Kinder können aber auch Bugs Bunny und seine Looney-Tunes-Freunde treffen oder mit Batman auf die Reise gehen. *Mai/Juni tgl. 10–18 Uhr, Juli/Aug. 10–21 Uhr, Sa bis 23 Uhr, Eintritt Erw. 28,50 Euro, Kinder 3–11 J. 23,50 Euro, an der Autobahn E 411 Brüssel-Namur (Ausfahrt Nr. 9 Six-Flags-Wavre), www.sixflagseurope.com*

BRÜGGE & WESTFLANDERN

Boudewijnpark Brügge **[119 D2]**
Die Attraktionen in diesem Vergnügungspark in 2 km Entfernung von Brügge sind Europas größtes Delfinarium mit 1500 Sitzplätzen, ein Aquapanorama und das Amphitheater. Kinder mögen aber auch das Piratenschiff oder streunen durch ein nachgebautes Fischerdorf. *Ostern–April Sa/So 11–17 Uhr, Mai/Juni 10.30–17 Uhr, So bis 18 Uhr, Juli/Aug. 10–18 Uhr, Eintritt 16 Euro (keine Ermäßigung für Kinder), Alfons De Baeckestraat 12, Sint-Michiels, von Brügge via E 40 (Ausfahrt 8) oder via A 17 (Ausfahrt Brügge), www.boudewijnpark.be*

Insider Tipp

Kluisbos/Kluisbergen **[119 E5]**
Das rund 25 km südöstlich von Kortrijk inmitten der flämischen Ardennen gelegene Kluisbos bietet viel Natur für Groß und Klein. Zum Terrain gehören der gleichnamige Wald, der mit seinen 4 km² zu den größten in Flandern zählt, und drei Schwimmbecken. Den Kindern steht ein eigenes Bad zur Verfügung. Amüsieren können sie sich im riesigen Sandkasten mit Elfenpalast, Piratenschiff und Wasserrutschbahn. *Mai–Sept. 10–19 Uhr, im Sommer 9–21 Uhr, Eintritt Erw. 4 Euro, Kinder bis 15 J. 3 Euro (gratis für Geburtstagskinder!), Poletsestraat 59, Kluisbergen, www.kluisbos.be*

Serpentarium Blankenberge **[118 C1]**
Im Schlangengarten an der Küste können Kinder beobachten, wie sich Tiere im Urwald, in der Wüste in einer Tropfsteinhöhle oder an der Felswand verhalten. Im Park wohnen nicht nur viele Boas und andere Schlangen – es gibt auch Leguane, Eidechsen, Vogelspinnen und Skorpione zu sehen. *April–Juni tgl. 10–19 Uhr, Juli/Aug. 9–21 Uhr, Eintritt Erw. 6,50 Euro, Kinder bis 12 J. 5,50 Euro, Zeedijk 146, www.serpentarium.be*

Und der gemeinsame Spaß? In Flandern gar keine Frage!

GENT & OSTFLANDERN

Harry Malter Familienpark Heusden [119 F3]

Der ehemalige Direktor vom Zirkus »Piste« gründete den Familienpark 1992. Kinder dürfen die Tiere anfassen und auf ihnen reiten, vor allem auf den Ponys und den Kamelen. Die beliebteste Attraktion aber ist Susy, der Elefant. *April–Aug. tgl. 10–19 Uhr, Eintritt Erw. 7,50 Euro, Kinder bis 1 m gratis, im Winter nur So (gratis), Bosheidestraat 15, www.harrymalter.be*

Rekreationspark de Ster [116 C5]

Auf diesem 1 km² großen Stück Natur gibt es alles, was das Herz kleiner Sportler höher schlagen lässt: Minigolfanlage, Trampoline, Gokarts, Minizüge, Fußballfeld und Ruderbahn. Die Allerkleinsten können sich auf der *kinderboerderij* (Kinderbauernhof) amüsieren. Auf dem 0,2 km² großen See sind Segeln, Surfen oder Rudern möglich, und die Kinder können auf langen Rutschbahnen ins Wasser gleiten. *März–Mitte Sept. tgl. 9 Uhr bis Sonnenuntergang, Eintritt Erw. 1,98 Euro, Kinder 5–14 J. 0,99 Euro, (Mitte Sept.–März gratis), Lange Rekstraat 30, Sint Niklaas*

LIMBURG

Europlanetarium Genk [123 D4–5]

Mitten im Grünen steht das modernste Planetarium Belgiens. Die audiovisuelle Tour durch die verschiedenen Sonnensysteme wird durch Laseranimationen ergänzt. Attraktiv ist auch der Planetenpfad. *Vorstellungen in deutscher Sprache Mi 13.30 Uhr und während den Schulferien Di, Do und Fr 14 und 15 Uhr, Eintritt Erw. 4,75 Euro, Kinder (5–16 J.) 3,75 Euro, Domein Kattevennen, Planetaeriumweg 19, www.europlanetarium.com*

Angesagt!

Was Sie wissen sollten über Trends, die Szene und Kuriositäten in Flandern

Radio Donna
Jung, frisch, frech und fröhlich lautet die Maxime von Radio Donna. Der öffentlich-rechtliche Sender gehört mit einem Marktanteil von traumhaften 38 Prozent zur europäischen Spitze. Damit sind die Programmmacher die wichtigsten Trendsetter in ganz Flandern. Das Erfolgsrezept: Ein guter Mix zwischen alten und neuen Hits, dazu wenige Wortbeiträge.

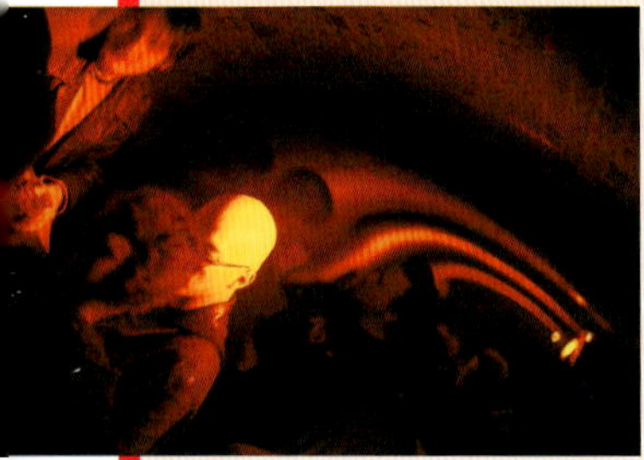

Musik
Ein Publikumsmagnet sind die Jungs von *dEUS*. Die Gitarrenband, deren Mitglieder 1998 sogar zu »Kulturbotschaftern Flanderns« ernannt wurden, tourt regelmäßig auch durchs benachbarte Ausland. Geradezu auf Händen getragen wird *Clouseau*. Die Band hat mit ihren Rockballaden alle Herzen erobert und spätestens mit ihrer CD *en dans* Kultstatus erreicht. Auf vielen Sommerfestivals im Ausland anzutreffen ist das Duo *K's Choice* mit starken Songs auf Englisch.

Kamagurka
Flamen betrachten ihr kleines Land gern mit viel Selbstironie. Einer, der diesen subtilen Humor in witzige Bilder umsetzt, ist Kamagurka. Der Genter ist bekannt dafür, dass er auch die absurdesten Situationen mit Satire bewältigt. Er publiziert seine Zeichnungen mittlerweile weltweit. Zusammen mit Herrn Seele ist er regelmäßig zu Gast im flämischen Radio und Fernsehen. Kamagurka ist der Schöpfer von Großstadtcowboy Henk – Kostproben seiner Abenteuer gibt's auf Kamagurkas Website: *www.cowboyhenk.com*

Mode
Besonders die flämischen Frauen kleiden sich ausgesprochen modisch. Was nicht weiter verwundert: In Antwerpen werden seit Jahren wichtige europäische Modetrends gesetzt. Viele Designer wie etwa Walter van Beirendonck oder Dirk Bikkembergs, die in den 1980er-Jahren unter dem Namen »Antwerp Six« Furore machten, sind der Scheldestadt treu geblieben – und natürlich ist ihre Mode hier auch zu kaufen. Jährliches Modegroßereignis ist die Fashionshow der Modeabteilung der Königlichen Akademie der Schönen Künste, zu der mehr als 6000 Interessierte aus dem In- und Ausland erscheinen.

Von Anreise bis Zoll

Hier finden Sie kurz gefasst die wichtigsten Adressen und Informationen für Ihre Flandernreise

ANREISE

Flugzeug

Flugverbindungen, täglich und direkt nach Brüssel, gibt es von allen deutschen Flughäfen sowie von Wien, Genf und Zürich. Vom Flughafen Brüssel-Zaventem (14 km vom Zentrum) verkehrt ein Sabena-Bus nach Antwerpen Centraalstation. Auch Antwerpen und Oostende werden angeflogen.

Der Flug Frankfurt/M.–Brüssel mit Lufthansa (Business Class) kostet 250 Euro.

Bahn

Brüssel, Brügge, Gent, Antwerpen und Oostende sind an das internationale Intercity- und Eurocitynetz angeschlossen. Die besten Verbindungen bestehen auf den Strecken Köln–Brüssel–Oostende und Basel–Straßburg–Brüssel–Oostende.

Es gibt günstige Angebote der Bahn wie Tour-Rail-Zeitkarten oder Wochenend-Pauschalangebote.

Bus

Reisebüros bieten eine große Auswahl von Pauschalarrangements an, in denen die Anfahrt mit dem Bus und der Hotelaufenthalt inbegriffen sind.

De Lijn, die flämische Buslinie, verbindet Provinzen und Städte *(Tel. 003259/56 53 53).*

Auto

Flandern ist über das internationale Fernstraßennetz gut erreichbar, von Deutschland aus am schnellsten über die A 2/E 314 (Köln–Aachen–Antwerpen) oder die A 4/E 411 (Saarbrücken–Luxemburg–Brüssel). Die Benutzung der belgischen Autobahnen ist gebührenfrei.

AUSKUNFT

Tourismus Flandern-Brüssel

Cäcilienstr. 46, 50667 Köln, Tel. 0221/27 75 90, Fax 27 75 91 00, www.flandern.com
Maria Hilferstraße 121 b, 1060 Wien, Tel. 01/596 06 60, Fax 596 06 95, www.flandern.co.at

Tourismus-Zentrale Flandern

Grasmarkt 63, B-1000 Brüssel, Tel. 00322/504 03 90, Fax 504 02 70, www.toervl.be

Belgium Tourist Reservations

Anspachlaan 111, Postbus 4, B-1000 Brüssel, Tel. 00322/513 74 84, Fax 513 92 77, btr@horeca.be (kostenlose Zimmerreservierung)

In allen Städten und größeren Orten Flanderns gibt es Verkehrsämter, *Dienst voor Toerisme,* erkennbar am weißen »i« auf grünem Grund.

AUTO

Höchstgeschwindigkeiten: auf Autobahnen 120, in geschlossenen Ortschaften 50, auf Landstraßen 90 km/h. Die Polizei kann bei Überschreitungen bis zu 150 Euro Strafe einziehen, gezahlt werden muss sofort. Sicherheitsgurte sind Pflicht. Promillegrenze: 0,5.

Notfälle: Der *VAB* mit Sitz in Zwijndrecht ist der größte flämische Automobilclub *(Tel. 03/ 253 61 39, www.vab.be)*. Die Wagen der *Touring Wegenhulp (www.touring.be)* sind von 7 bis 24 Uhr auf den Autobahnen unterwegs.

SOS Pannenhilfe: Tel. 070/ 34 47 77

BANKEN & GELD

Die Banken sind normalerweise Mo–Fr 9–15.30 Uhr geöffnet.

Sie können Bargeld vom Geldautomaten beziehen, aber auch überall mit Kreditkarten bezahlen.

CAMPING & HÜTTEN

In Flandern gibt es ca. 120 Campingplätze und Erholungszentren. Wildes Zelten ist verboten. Ideal für Wanderer und Radfahrer sind Wanderhütten. Kataloge erhalten Sie bei den örtlichen Verkehrsbüros oder beim Belgischen Verkehrsamt.

DIPLOMATISCHE VERTRETUNGEN

Deutsche Botschaft
B-1150 Brüssel, Tervurenlaan 190, Tel. 02/774 19 11

Österreichische Botschaft
B-1050 Brüssel, Pl. du Champs de Mars 5, Tel. 02/289 07 00

Schweizer Botschaft
B-1040 Brüssel, Rue de la Loi 26, Tel. 02/285 43 50

INTERNET

Dass das Land dreisprachig ist, zeigt sich auch im Umgang mit der Datenautobahn: Auf den meisten Websites können Sie zwischen Flämisch, Französisch und Deutsch wählen. Für allgemeine touristische Informationen über Flandern geben Sie *www.flandern.com* ein. Detailliertere Angaben über die großen Städte finden Sie unter *www.visitantwerpen.be, www.brugge.be* und *www.bruessel.be.* Auf *www.cultuurlink.be* finden Sie alles Wissenswerte rund um Kultur. *www.noah.be* ist ein Portal für die wichtigsten flämischen Websites. Für Regierungsangelegenheiten suchen Sie am besten unter *www.gov.be,* und wenn Sie wissen möchten, wie es dem jüngsten Spross des belgischen Königshauses geht, sehen Sie auf die Seite *www.prinzessinelisabeth.be.*

INTERNETCAFÉS

In Flandern gibt es nicht sehr viele Internetcafés. Vielerorts finden Sie Internetzugang in den öffentlichen Bibliotheken.

Das größte Internetcafé mit 450 PCs befindet sich in Brüssel: *Easy Everything, Place de Brouckere 9–13, tgl. 8–23.30 Uhr, www.easyeverything.com.* Ein Antwerpener Internetcafé ist das *2Zones, Wolstraat 15, Mo–Do 11.30–24 Uhr, Fr bis So 11.30–1.30 Uhr, Tel. 03/232 24 00, www.2zones.org.* In Brügge gibt es diese gemütliche Cyberkneipe mit 18 PCs und Laserprinter: *The Coffee Link, Mariastraat 38, Sa–Do 10–21 Uhr, Fr 12 bis 21 Uhr, Tel. 050/34 99 73, www.thecoffeelink.com.*

Was kostet wie viel?

Kaffee	**2,20** für eine Tasse Kaffee
Wasser	**2,50 Euro** für 0,2 l Mineralwasser
Bier	**3 Euro** für ein Glas Bier
Taxi	**ca. 2 Euro** pro gefahrenem km
Benzin	**1,10 Euro** für einen Liter Super
Fahrkarte	**ca. 1,20 Euro** für eine Fahrt mit öffentlichen Verkehrsmitteln

JUGENDHERBERGEN

In den Sommermonaten muss man unbedingt reservieren! *VJH-Zentrale: Van Stralenstraat 40, B-2060 Antwerpen, Tel. 03/232 72 18, Fax 231 81 26, www.vjh.be*

NOTRUFE

Polizei: *Tel. 101*
Krankenwagen: *Tel. 100*

POST

Öffnungszeiten der Postämter: Mo bis Fr 9–12 und 14–16 Uhr (in größeren Städten bis 17 Uhr), Sa 9 bis 12 Uhr.
Das Porto für Briefe und Postkarten (Europa) beträgt 0,52 Euro.

TELEFON & HANDY

Es gibt immer weniger Telefonzellen in Belgien. Karten für 5, 10, 20 Euro oder mehr gibt's am Bahnhof, beim Postamt oder am Kiosk.

Den mobilen belgischen Fernsprechmarkt teilen sich acht Telefongesellschaften: Belgacom *(www.belgacom.be)*, Orange *(www.orange.be)*, Telnet *(www.telnet.be)*, Mobistar *(www.mobistar.be)*, Proximus *(www.proximus.be)*, KPN *(www.kpnbelgium.be)*, Nextel *(www.nextel.be)* und Versatel *(www.versatel.be)*. Karten fürs Handy bekommen Sie im Telefonladen oder am Kiosk. Eine Übersicht der Tarife, die sich praktisch monatlich ändern, finden Sie auf den jeweiligen Websites. Informieren Sie sich über so genannte Calling Cards fürs Ausland, die Sie in Deutschland kaufen und mit denen Sie von Ihrem Urlaubsort aus telefonieren können.

Vorwahlen: nach Deutschland 0049, nach Österreich 0043, in die Schweiz 0041, nach Belgien 0032

ZOLL

Innerhalb der EU dürfen Waren für den Eigenbedarf frei ein- und ausgeführt werden. Dieser Eigenbedarf wird in folgender Höhe anerkannt: z. B. bis zu 800 Zigaretten, 400 Zigarillos, 200 Zigarren, 1 kg Tabak, 10 l Spirituosen, 20 l Likör, 90 l Wein (davon maximal 60 l Schaumwein) und 110 l Bier. Freimengen in die Schweiz: Persönliche Gegenstände, 200 Zigaretten oder 50 Zigarren oder 250 g Tabak, 1 l Alkohol über und 2 l Alkohol unter 15 Prozent, Geschenkartikel bis zu einem Wert von 100 Franken.

Wetter in Oostende

	Jan.	Feb.	März	April	Mai	Juni	Juli	Aug.	Sept.	Okt.	Nov.	Dez.
Tagestemperaturen in °C	5	6	9	12	15	18	20	21	19	15	10	7
Nachttemperaturen in °C	1	1	3	5	8	11	14	14	12	8	5	2
Sonnenschein Std./Tag	2	3	5	7	7	8	7	7	6	4	2	1
Niederschlag Tage/Monat	14	13	10	10	9	9	12	13	10	14	14	15
Wassertemperaturen in °C	7	6	7	8	10	13	15	16	16	14	11	9

Spreek jij Nederlands?

»Sprichst du Niederländisch?«
Dieser Sprachführer hilft Ihnen, die wichtigsten Wörter und Sätze auf Niederländisch zu sagen

Zur Erleichterung der Aussprache sind alle niederländischen Wörter mit einer einfachen Aussprache (in eckigen Klammern) versehen.

AUF EINEN BLICK

Ja./Nein.	Ja. [jaa]/Nee. [nee]
Vielleicht.	Misschien. [mischien]
Bitte.	*(Sie)* Alstublieft. [alstüblieft] *(du)* Alsjeblieft. [alsjeblieft]
Vielen Dank!	Dank u wel. [dank ü wel]
Gern geschehen.	Graag gedaan. [chraach chedaan]
Entschuldigung!	Neemt u mij niet kwalijk. [neemt ü mei niet kwalück]
Wie bitte?	Wat zegt u? [wat zecht ü]
Ich verstehe Sie/dich nicht.	Ik begrijp u/je niet. [ik begreip ü/je niet]
Ich spreche nur wenig …	Ik spreek alleen maar 'n beetje … [ik spreek alleen maar n beetje …]
Können Sie mir bitte helfen?	Kunt u mij alstublieft helpen? [künt ü mei alstüblieft helpen]
Ich möchte …	Ik wil …/Ik zou graag … [ik wil …/ik sau chraach …]
Wie viel kostet es?	Hoe duur is het?/Hoeveel kost het? [hu dühr is hett/hufeel kost hett]
Wie viel Uhr ist es?	Hoe laat is het? [hu laat is hett]

KENNENLERNEN

Guten Morgen!	Goedemorgen! [chujemorchen]
Guten Tag!	Dag!/Goedendag! [dach/chujedach]
Hallo! Grüß dich!	Hallo!/Dag! [halloo/dach]
Mein Name ist …	Mijn naam is … [mein naam is]
Wie ist Ihr Name, bitte?	Wat is uw naam? [wat is üw naam]
Wie heißt du?	Hoe heet je? [hu heet je]
Wie geht es Ihnen/dir?	Hoe gaat het met u/jou? [hu chaht hett mett ü/jau]

Danke, gut. Und Ihnen/dir?	Prima. En met u/jou? [primaa en mett ü/jau]
Auf Wiedersehen!	Tot ziens! [tot siens]

UNTERWEGS

Auskunft

links/rechts	links/rechts [links/rechs]
geradeaus	rechtdoor [rechdoor]
nah/weit	dichtbij/ver [dichbei/ver]
Bitte, wo ist …	Waar is … [waar is]
… der Hauptbahnhof?	… het centraal station? [het sentraalstaaschon]
… der Flughafen?	… de luchthaven?/het vliegveld? [de lüchthaafen/hett vliechvelt]
Wie weit ist das?	Hoe ver is dat? [Hu ver is dat]
Ich möchte … mieten.	Ik ben van plan … te huren. [Ik benn vann plann … te hüren]
… ein Auto …	… een auto … ['n auto]
… ein Fahrrad …	… een fiets … ['n fiets]

Panne

Ich habe eine Panne.	Ik heb pech. [ik heb pech]
Würden Sie mir bitte einen Abschleppwagen schicken?	Wilt u mij alstublieft de sleepdienst/takeldienst sturen? [wilt ü mei alstüblieft de sleepdienst/taakldienst stüren]
Wo ist hier in der Nähe eine Werkstatt?	Waar is hier in de buurt een garage? [waar is hier in de bürt en graasche]

Tankstelle

Wo ist bitte die nächste Tankstelle?	Waar is het dichtsbijzijnde pompstation? [waar is hett dichsbeiseinde pompstaaschon]
Ich möchte … Liter …	Ik wil graag … liter … [ik wil chraach … lietr]
… Normalbenzin.	… gewone benzine. [chewohne bensiene]
… Super./Diesel.	… super./diesel. [süper/diesl]

Unfall

Hilfe!	Help! [helüpp]
Achtung!	Let op!/Pas op! [lett op/pas op]
Rufen Sie bitte schnell …	Belt u direct … [belt ü dierekt]
… einen Krankenwagen.	… een ziekenwagen. [n siekewaachn]
… die Polizei.	… de politie. [de poolietsie]
… die Feuerwehr.	… de brandweer. [de branntwehr]
Es war meine/Ihre Schuld.	Het was mijn/uw schuld. [hett was mein/üw schült]

Geben Sie mir bitte Ihren Namen und Ihre Anschrift.	Geeft U mij alstublieft uw naam en uw adres. [cheeft ü mei alstüblieft üw naam en üw adress]

ESSEN/UNTERHALTUNG

Wo gibt es hier …	Waar is hier … [waar is hier …]
… ein gutes …	… een goed … [en chut]
… ein nicht zu teures …	… een niet te duur … [en niet te dühr]
… Restaurant?	… restaurant? [restoorant]
Gibt es hier eine gemütliche Kneipe?	Is er hier een gezellig kroegje? [is er hier en chesellich kruchje]
Reservieren Sie uns bitte für heute Abend einen Tisch für vier Personen.	Wilt u (voor ons) voor vanavond een tafel voor vier personen reserveren? [wilt ü (fohr ons) fohr fanaafont en taafl fohr fier persoonen reeserfeern]
Die Speisekarte, bitte!	De kaart, graag! [de kaart chraach]
Ich nehme …	Ik neem … [ik neem]
Bitte ein Glas …	Een glas …, alstublieft. [en chlas ... alstüblift]
Auf Ihr Wohl!	Proost!/Op uw gezondheid! [proost/op ü chesontheit]
Die Rechnung, bitte.	De rekening, alstublieft. [de reekening, alstüblieft]
Es stimmt so.	Zo is het in orde. [soo iset in orrde]
Wo sind bitte die Toiletten?	Waar is het toilet? [waar is hett twalett?]

EINKAUFEN

Wo finde ich …	Waar vind ik ... [waar fint ik]
… eine Apotheke?	… een apotheek? [en aapooteek]
… eine Bäckerei?	… een bakkerij? [en bakkerei]
… Fotoartikel?	… fotoartikelen? [footoo-artieklen]
… ein Kaufhaus?	… een warenhuis? [en wahrenheus]
… ein Lebensmittelgeschäft?	… een kruidenier? [en kreudenier]
… einen Markt?	… een markt? [en marückt]
Haben Sie …?	Heeft u …? [heeft ü]

ÜBERNACHTUNG

Können Sie mir bitte … empfehlen?	Kunt u mij … aanbevelen? [künt ü mei … aanbefeelen]
… ein gutes Hotel …	… een goed hotel… [en chut hootel]
… eine Pension …	… een pension … [en penschon]
Haben Sie noch Zimmer frei?	Heeft u nog kamers vrij? [heeft ü noch kaamrs frei]

ein Einzelzimmer	een eenpersoonskamer [en eenpersoonskaamr]
ein Doppelzimmer	een tweepersoonskamer [en tweepersoonskaamr]
mit Dusche/Bad	met douche/bad [met dusch/batt]
für eine Nacht	voor een nacht [voor een nacht]
für eine Woche	voor een week [voor een week]
Was kostet das Zimmer mit …	Hoeveel kost logies met … [huveel kost looschies met]
… Frühstück?	… ontbijt? [onntbeit]
… Halbpension?	… halfpension? [halfpenschoon]

PRAKTISCHE INFORMATIONEN

Arzt

Können Sie mir einen guten Arzt empfehlen?	Kunt u mij een goede dokter/arts aanbevelen? [künnt ü mei en chuje doktr/arrts aanbeveelen]
Ich habe hier Schmerzen.	Ik heb hier pijn. [ik hep hier pein]
Ich habe Fieber.	Ik heb koorts. [ik hep koorts]

Post

Was kostet …	Hoeveel kost [huveel kost] …
… ein Brief …	… een brief … [en brief]
… eine Postkarte …	… een briefkaart … [en briefkaart]
… nach Deutschland?	… naar Duitsland? [naar döitslant]
Eine Briefmarke, bitte.	Een postzegel, alstublieft. [en posseechel alstüblieft]

ZAHLEN

0	nul [nül]	16	zestien [sestien]	90	negentig [neechentich]
1	één [een]	17	zeventien [seefentien]	100	honderd [hondert]
2	twee [tweh]	18	achttien [achtien]	200	tweehonderd [twehhondert]
3	drie [drie]	19	negentien [neechentien]	1000	duizend [deusent]
4	vier [vier]	20	twintig [twintich]	10000	tienduizend [tiendeusent]
5	vijf [feif]	21	één-en-twintig [een en twintich]	1/2	een half [ünn half]
6	zes [ses]	30	dertig [dertich]	1/4	een vierde, een kwart [ünn vierde, ünn kwart]
7	zeven [seefen]	40	veertig [veertich]		
8	acht [acht]	50	vijftig [feiftich]		
9	negen [neechen]	60	zestig [sestich]		
10	tien [tien]	70	zeventig [seefentich]		
11	elf [ellüff]	80	tachtig [tachtich]		
12	twaalf [twaalüff]				
13	dertien [dertien]				
14	veertien [veertien]				
15	vijftien [feiftien]				

Tu parles français?

»Sprichst du Französisch?«
Dieser Sprachführer hilft Ihnen, die wichtigsten Wörter und Sätze auf Französisch zu sagen

Zur Erleichterung der Aussprache sind alle französischen Wörter mit einer einfachen Aussprache (in eckigen Klammern) versehen.

AUF EINEN BLICK

Ja./Nein.	Oui. [ui]/Non. [nong]
Vielleicht.	Peut-être. [pöhtätr]
Bitte.	S'il vous plaît. [sil wu plä]
Danke.	Merci. [märsi]
Gern geschehen.	De rien. [dö rjäng]
Entschuldigen Sie!	Excusez-moi! [äksküseh mua]
Wie bitte?	Comment? [kommang]
Ich verstehe Sie/dich nicht.	Je ne comprends pas. [schön kongprang pa]
Ich spreche nur wenig Französisch.	Je parle un tout petit peu français. [schparl äng tu pti pöh frangsä]
Können Sie mir bitte helfen?	Vous pouvez m'aider, s.v.p.? [wu puweh mehdeh sil wu plä]
Sprechen Sie Deutsch/ Englisch?	Vous parlez allemand/anglais? [wu parleh almang/anglä]
Ich möchte …	J'aimerais … [schämrä]
Das gefällt mir nicht.	Ça ne me plaît pas. [san mö plä pa]
Haben Sie …?	Vous avez …? [wus‿aweh]
Wie viel kostet es?	Combien ça coûte? [kongbjäng sa kut]
Wie viel Uhr ist es?	Quelle heure est-il? [käl‿ör ät‿il]

KENNENLERNEN

Guten Morgen/Tag!	Bonjour! [bongschur]
Guten Abend!	Bonsoir! [bongsuar]
Hallo!/Grüß dich!	Salut! [salü]
Wie ist Ihr Name, bitte?	Comment vous appelez-vous? [kommang wus‿apleh wu]
Wie heißt du?	Comment tu t'appelles? [kommang tü tapäl]

Wie geht es Ihnen/dir?	Comment allez-vous/vas-tu? [kommangt‿aleh wu/wa tü]
Danke. Und Ihnen/dir?	Bien, merci. Et vous-même/toi? [bjäng märsi. eh wu mäm/tua]
Auf Wiedersehen!	Au revoir! [oh röwuar]
Tschüss!	Salut! [salü]

UNTERWEGS

Auskunft

links/rechts	à gauche [a gohsch]/à droite [a druat]
geradeaus	tout droit [tu drua]
nah/weit	près [prä]/loin [luäng]
Bitte, wo ist …?	Pardon, où se trouve …, s.v.p.? [pardong, us truw … sil wu plä]
Wie weit ist das?	C'est à combien de kilomètres d'ici? [sät‿a kongbjängd kilomätrö disi]

Panne

Ich habe eine Panne.	Je suis en panne. [schö süis‿ang pan]
Würden Sie mir bitte einen Abschleppwagen schicken?	Est-ce que vous pouvez m'envoyer une dépanneuse, s.v.p.? [äs‿kö wu puweh mangwuajeh ün deh panöhs sil wu plä]
Gibt es hier in der Nähe eine Werkstatt?	Est-ce qu'il y a un garage près d'ici? [äs‿kil‿ja äng garasch prä disi]
… ist defekt.	… est défectueux. [ä dehfäktüöh]

Tankstelle

Wo ist bitte die nächste Tankstelle?	Pardon, Mme/Mlle/M., où est la station-service la plus proche, s.v.p.? [pardong madam/madmuasäl/mösjöh u ä la stasjong särwis la plü prosch sil wu plä]
Ich möchte … Liter.	… litres, s'il vous plaît. [litrö sil wu plä]
Super.	Du super. [dü süpär]
Diesel.	Du gas-oil. [dü gasual]
bleifrei/mit … Oktan.	Du sans-plomb/… octanes. [dü sang plong/ … oktan]
Voll tanken, bitte.	Le plein, s.v.p. [lö pläng sil wu plä]

Unfall

Hilfe!	Au secours! [oh skur]
Achtung!	Attention! [atangsjong]
Rufen Sie bitte schnell …	Appelez vite … [apleh wit]
… einen Krankenwagen.	… une ambulance. [ün‿angbülangs]
… die Polizei.	… la police. [la polis]
… die Feuerwehr.	… les pompiers. [leh pongpjeh]

Es war meine Schuld.	C'est moi qui suis en tort. [sä mua ki süis‿ang torr]
Es war Ihre Schuld.	C'est vous qui êtes en tort. [sä wu ki äts‿ang torr]
Geben Sie mir bitte Ihren Namen und Ihre Anschrift!	Vous pouvez me donner votre nom et votre adresse? [wu puweh mö donneh wottrö nong eh wottr‿adräs]

ESSEN/UNTERHALTUNG

Wo gibt es hier …	Vous pourriez m'indiquer… [wu purjeh mängdikeh]
… ein gutes Restaurant?	… un bon restaurant? [äng bong rästorang]
… ein nicht zu teures Restaurant?	… un restaurant pas trop cher? [äng rästorang pa troh schär]
Reservieren Sie uns bitte für heute Abend einen Tisch für vier Personen.	Je voudrais réserver une table pour ce soir, pour quatre personnes. [schwudrä räsehrweh ün tablö pur sö suar pur kat pärsonn]
Wo sind bitte die Toiletten?	Où sont les W.-C., s.v.p.? [u song leh wehseh sil wu plä]
Auf Ihr Wohl!	A votre santé!/A la vôtre! [a wottr sangteh/a la wohtr]
Bezahlen, bitte.	L'addition, s.v.p. [ladisjong sil wu plä]

ÜBERNACHTEN

Können Sie mir bitte ein gutes Hotel empfehlen?	Pardon, Mme/Mlle/M., vous pourriez recommander un bon hôtel? [pardong madam/madmuasäl/mösjöh wu purjeh rökommangdeh äng bonn‿ohtäl]
Haben Sie noch …	Est-ce que vous avez encore … [äs‿kö wus‿aweh angkorr]
… ein Einzelzimmer?	… une chambre pour une personne? [ün schangbr pur ün pärsonn]
… ein Zweibettzimmer?	… une chambre pour deux personnes? [ün schangbr pur döh pärsonn]
… mit Bad?	… avec salle de bains? [awäk sal dö bäng]
… für eine Nacht?	… pour une nuit? [pür ün nüi]
… für eine Woche?	… pour une semaine? [pür ün sömän]
Was kostet das Zimmer mit Frühstück?	Quel est le prix de la chambre, petit déjeuner compris? [käl‿ä lö prid la schangbr pti dehschöneh kongpri]

PRAKTISCHE INFORMATIONEN

Arzt

Können Sie mir einen guten Arzt empfehlen?	Vous pourriez recommander un bon médecin, s.v.p.? [wu purjeh rökommangdeh äng bong mehdsäng sil wu plä]
Ich habe hier Schmerzen.	J'ai mal ici. [scheh mal isi]

Bank

Wo ist hier bitte eine Bank?	Pardon, je cherche une banque. [pardong schö schärsch ün bangk]
Ich möchte … Schweizer Franken in Euro wechseln.	Je voudrais changer … francs suisses en euros. [schwudrä schangscheh … frang süis ang öroh]

Post

Was kostet …	Quel est le tarif pour affranchir … [käl‿ä lö tarif pur afrangschir]
… eine Postkarte …	… des cartes postales … [deh kart postal]
… nach Deutschland?	… pour l'Allemagne? [pur lalmanj]

ZAHLEN

0	zéro [sehroh]	20	vingt [wäng]
1	un, une [äng, ühn]	21	vingt et un, une [wängt‿eh äng, ühn]
2	deux [döh]	22	vingt-deux [wängt döh]
3	trois [trua]	30	trente [trangt]
4	quatre [katr]	40	quarante [karangt]
5	cinq [sängk]	50	cinquante [sängkangt]
6	six [sis]	60	soixante [suasangt]
7	sept [sät]	70	soixante-dix [suasangt dis]
8	huit [üit]	80	quatre-vingt [katrö wäng]
9	neuf [nöf]	90	quatre-vingt-dix [katrö wäng dis]
10	dix [dis]	100	cent [sang]
11	onze [ongs]	200	deux cents [döh sang]
12	douze [dus]	1000	mille [mil]
13	treize [träs]	2000	deux mille [döh mil]
14	quatorze [kators]	10000	dix mille [di mil]
15	quinze [kängs]	1/2	un demi [äng dmi]
16	seize [säs]	1/4	un quart [äng kar]
17	dix-sept [disät]		
18	dix-huit [disüit]		
19	dix-neuf [disnöf]		

Reiseatlas Flandern

Die Seiteneinteilung für den Reiseatlas finden Sie auf dem hinteren Umschlag dieses Reiseführers

Kartenlegende Reiseatlas

le Mans-Est 4	Autobahn mit Anschlussstelle Motorway with junction
Datum, Date	Autobahn in Bau Motorway under construction
Datum, Date	Autobahn in Planung Motorway projected
R	Raststätte mit Übernachtungsmöglichkeit Roadside restaurant and hotel
R	Raststätte ohne Übernachtungsmöglichkeit Roadside restaurant
E	Erfrischungsstelle, Kiosk Snackbar, kiosk
T A	Tankstelle, Autohof Filling-station, Truckstop
	Autobahnähnliche Schnellstraße mit Anschlussstelle Dual carriage-way with motorway characteristics with junction
	Straße mit zwei getrennten Fahrbahnen Dual carriage-way
	Durchgangsstraße Thoroughfare
	Wichtige Hauptstraße Important main road
	Hauptstraße Main road
	Sonstige Straße Other road
	Fernverkehrsbahn Main line railway
	Bergbahn Mountain railway
	Autotransport per Bahn Transport of cars by railway
	Autofähre Car ferry
	Schifffahrtslinie Shipping route
	Landschaftlich besonders schöne Strecke Route with beautiful scenery
Routes des Crêtes	Touristenstraße Tourist route
	Straße gegen Gebühr befahrbar Toll road
	Straße für Kraftfahrzeuge gesperrt Road closed to motor traffic
	Zeitlich geregelter Verkehr Temporal regulated traffic
15%	Bedeutende Steigungen Important gradients

	Kultur **Culture**
★★ PARIS ★★ *la Alhambra*	Eine Reise wert Worth a journey
★ TRENTO ★ *Comburg*	Lohnt einen Umweg Worth a detour
	Landschaft **Landscape**
★★ Rodos ★★ *Fingal's cave*	Eine Reise wert Worth a journey
★ Korab ★ *Jaskinia raj*	Lohnt einen Umweg Worth a detour
	Besonders schöner Ausblick Important panoramic view
	Ausflüge & Touren **Excursions & tours**
	Nationalpark, Naturpark National park, nature park
	Sperrgebiet Prohibited area
4807	Bergspitze mit Höhenangabe in Metern Mountain summit with height in metres
(630)	Ortshöhe Elevation
	Kirche Church
	Kirchenruine Church ruin
	Kloster Monastery
	Klosterruine Monastery ruin
	Schloss, Burg Palace, castle
	Schloss-, Burgruine Palace ruin, castle ruin
	Denkmal Monument
	Wasserfall Waterfall
	Höhle Cave
	Ruinenstätte Ruins
	Sonstiges Objekt Other object
	Jugendherberge Youth hostel
	Badestrand · Surfen Bathing beach · Surfing
	Tauchen · Fischen Diving · Fishing
	Verkehrsflughafen Airport
	Regionalflughafen · Flugplatz Regional airport · Airfield

A
B
C
1
10 km
Ouddorp
Brouwersdam
Stelle
Grevelingen
Renesse
Dirksland
57
Zonnemaire
Nieuw Haamstede
Schouwen
Serooskerke
Westenschouwen
Greveling
59
Duiveland
55
Nieuwerkerk
Oosterscheldedam
Zierikzee
NED
Oosterschelde
Zeelandbrug
Sint Philips
2
Domburg
Vrouwenpolder
255
256
Sint An
Stavenisse
Westkapelle
Veere
Noord-Beveland
Walcheren
57
Wolphaartsdijk
MIDDELBURG
Arne-muiden
GOES
Heinkenszand
E312
Ter Hooge
Kl. de Poel
Yersek
Koudekerke
39
38
37
23
36
A58
40
Oost Souburg
254
35
15
34
33
Yerseke
Heinkenszand
Kapelle
Kruining
3
VLISSINGEN
Zuid Beveland
32
Breskens
Baarland
Groede
Perkpolder
Westerschelde
Hoofdplaat
58
IJzendijke
9
Terneuzen
Oostburg
61
Hoek
12
60
4
31
61
Watervliet
456
Boekhoute
253
Axel
Hulst
St. Laureins
252
11
Assenede
Adegem
26
Kaprijke
13
De Kl
Sas van Gent
Zelzate
49
49
St.-Gi
Lembeke
Stekene
403
Eeklo
Ertvelde
Wachtebeke
17
Waarschoot
ST.-NIKLAAS
Moerbeke
Sinaai
Zomergem
45
Sleidinge
9
R 4
R 4
Eksaarde
naar Brugge
Evergem
456
17
33
LOKEREN
13
14
Lochristi
70
St.-Nikl
Wondelgem
1
3
Waas-munster
Oostakker
Mariakerk
E40
12
Lokeren
12
Nevele
Hamme
Drongen
4
11
E17
A14
Zele
41
13
61
Grem
Ooidonk
10
Overmere
47
6
Deinze
18
St.Martens Latem
14
15
9
GENT
Dendermonde
Ba
43
16
7
6
Melle
Zevergem
8
St. G
416
Deinze
7
Merelbeke
Wetteren
Leb
27
Gijzegem
Wetteren
Lede
Oordegem
120

Oud-Beijerland
Zwijndrecht
Middelharnis
's-Gravendeel
DORDRECHT
Hoeksche Waard
Kop van het Land
Zuid-Beijerland
Strijen
Nieuwe Tonge
Haringvlietbrug
Numansdorp
Oude Tonge
Ooltgensplaat
Hollands Diep
Hollandsch Diep Brug
Philipsdam
Willemstad
Klundert
Made
Kn. Sabina
RLAND
Dinteloord
Fijnaart
Zevenbergen
Oosterhout
BREDA
Steenbergen
Oudenbosch
Oud-Gastel
Etten-Leur
Tholen
Roos.-Nord
Wouw
Rucphen
Etten-Leur
Halsteren
Rijsbergen
Roosendaal
Kn. Galder
ERGEN
P ZOOM
Bergen op Zoom Zuid
Meerle
Kn. Markiezaat
Essen
Zundert
Meer
Wuustwezel
Loenhout
Hoogstraten
Kalmthout
Brecht
Rijkevorsel
Putte
Kapellen
Beerse
Kieldrecht
Westmalle
Oostmalle
Brasschaat
Beerse
Ekeren
Schoten
Zoersel
Melsele
Schilde
Zoersel
Lille
DEURNE
Beveren
Ranst
Grobbendonk
Albertkanaal
Herentals-West
Deurne
Kruibeke
Heren
6 Haasdonk
ANTWERPEN
Schelle
Nijlen
Kontich
Lier
Herenthout
Olen
Tongerlo
Niel
Boom
Westerlo
Rumst
Duffel
Heist-op-den-Berg
Breendonk
Mechelen
Putte
Mechelen-Nord
Mechelen-Zuid
Averbo
A4
A59
A17
A16
E19
E312
A1
E34
A21
A13
A15
E31

121

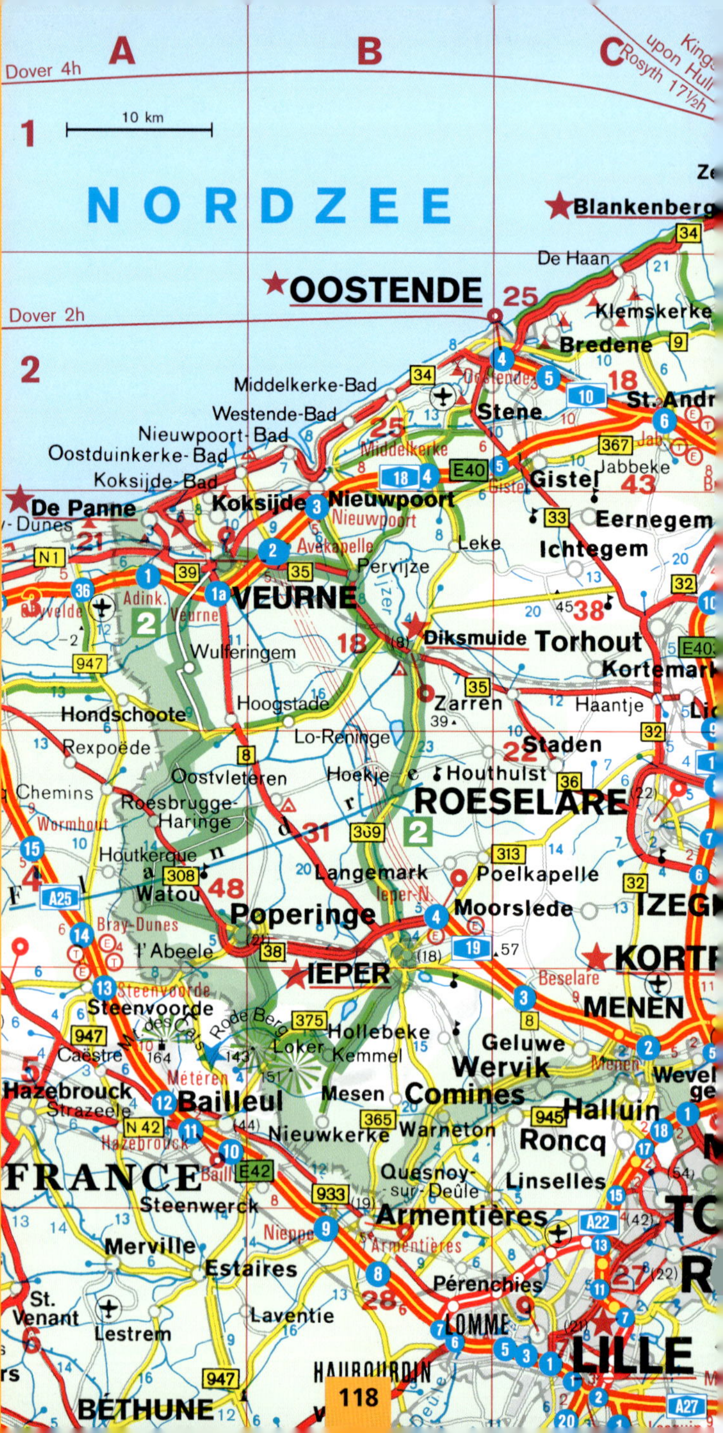

A
B
C
Dover 4h
Kingston upon Hull
Rosyth 17½h
1
10 km
NORDZEE
Blankenberge
De Haan
OOSTENDE
Dover 2h
Klemskerke
Bredene
2
Middelkerke-Bad
Westende-Bad
Nieuwpoort-Bad
Oostduinkerke-Bad
Koksijde-Bad
Stene
St. Andries
Middelkerke
Jabbeke
De Panne
Koksijde
Nieuwpoort
Gistel
Eernegem
Avekapelle
Leke
Ichtegem
Pervijze
VEURNE
Adinkerke
IJzer
Diksmuide
Torhout
Wulferingem
Kortemark
Hondschoote
Hoogstade
Zarren
Haantje
Lo-Reninge
Rexpoëde
Staden
Oostvleteren
Hoekje
Houthulst
Chemins
Roesbrugge-Haringe
ROESELARE
Wormhout
Houtkerque
Langemark
Poelkapelle
Watou
Poperinge
Moorslede
IZEGEM
Bray-Dunes
l'Abeele
IEPER
KORTRIJK
Beselare
Steenvoorde
MENEN
Mont des Cats
Rode Berg
Hollebeke
Geluwe
Caëstre
Loker
Kemmel
Wervik
Wevelgem
Hazebrouck
Strazeele
Météren
Bailleul
Mesen
Comines
Halluin
Nieuwkerke
Warneton
Roncq
FRANCE
Quesnoy-sur-Deûle
Linselles
Steenwerck
Armentières
Nieppe
Merville
Estaires
Pérenchies
St. Venant
Lestrem
Laventie
LOMME
LILLE
HAUBOURDIN
BÉTHUNE
Deûle

VLISSINGEN
Oost Souburg
116
Heinkenszand
Zuid Beveland
KNOKKE-HEIST
Cadzand Bad
Breskens
Groede
Groene Kustweg
Westerschelde
Hoofdplaat
Lissewege
Oostburg
Terneuzen
Aardenburg
Watervliet
Hoek
Damme
Boekhoute
St. Laureins
Maldegem
Kaprijke
Assenede
BRUGGE
Adegem
Sas van Gent
Oedelem
Zelzate
Eeklo
Oostkamp
Beernem
Lembeke
Waarschoot
Ertvelde
Wachtebeke
Knesselare
Zomergem
Sleidinge
Moerbeke
Eksaarde
Kan. van Gent naar Brugge
Evergem
Gent Zeehaven
Lochristi
Aalter
Wingene
Wondelgem
Mariakerke
Oostakker
Zwevezele
Ruiselede
Drongen
Gent-West
GENT
Ooidonk
Deinze
St.Martens-Latem
Zevergem
Melle
Tielt
Dentergem
Merelbeke
Wetteren
Meulebeke
Leie
Eke
Oosterzele
Oordegem
Ingelmunster
Kruishoutem
Schelde
Asper
WAREGEM
Harelbeke
Deerlijk
Hillegem
Zwalm
Anzegem
Zottegem
Herzele
St. Lievens-Esse
OUDENAARDE
St.-Maria-Lierde
Zwevegem
Avelgem
Kluisbgn.
Brakel
MOUSCRON
Mt. Hotond
Houppe
Geraardsbergen
Dottignies
TOURCOING
Mont-de-l'Enclus
RONSE
Flobecq
ROUBAIX
Viane
Lessines
Templeuve
Leuze
Tournai-Nord
Tournai-Est
Ghislenghien
Leuze
Ath
119
120

Zwevezele
Lichtervelde
Ruiselede
Mariakerk
Drongen
Oostakker
Gent-West
Ooidonk
Deinze
St.Martens-Latem
Zevergem
GENT
Melle
Ardooie
Tielt
Dentergem
Merelbeke
Wetteren
Oordegem
Meulebeke
Eke
Oosterzele
Ingelmunster
Kruis-houtem
Kruishoutem
Asper
Waregem
WAREGEM
Hillegem
Harelbeke
Deerlijk
Zwalm
Zottegem
Anzegem
OUDENAARDE
St.-Maria-Lierde
Zwevegem
Avelgem
Kluisbgn.
Brakel
MOUSCRON
Dottignies
Mt. Hotond
Houppe
Geraardsbergen
Mont-de-l'Enclus
RONSE
Flobecq
Viane
Lessines
Templeuve
T.-Ouest
Leuze
Bassilly
Templeuve
T.-Nord
Tournai-Est
Leuze-en-Hainaut
Ghislenghien
Ath
TOURNAI
Ant.
Barry
Rumes
Chièvres
Ch. d'Attre
Brunehaut-Bléharies
Belœil
Lens
Maulde
Péruwelz
Blaton
Wiers
Sirault
St. Amand-les-Eaux
Baudour
Vieux-Condé
Condé-sur-l'Escaut
St. Ghislain
Hasnon
Escaufpont
Crespin
Boussu
Scarpe
Raismes
P.Nat.Rég.
Quiévrain
Élouges
Wallers
Bruay-sur-l'Escaut
Dour
Escaudain
Onnaing
Quiévrechain
FRAMERIES
VALENCIENNES
DENAIN
Marly
Honnelles
Trith-St. Leger
Jenlain
Roisin
Douchy-les-Mines
Villers-Pol
Feignies
FRANCE
Bavay
la Longueville
Hordain
Vendegies-sur-Ecaillon
Gommegnies
MAUBEUGE
Iwuy
Saulzoir
le Quesnoy
Louvroil
Hautmont

119

117
Lokeren
Hamme
Zele
Bornem
Niel
Boom
Kontich
Duffel
Overmere
Dendermonde
Grembergen
Baasrode
Willebroek
Mechelen
St. Gillis-
Lebbeke
Londerzeel
Merchtem
Meise
Haacht
AALST
Vilvoorde
Kampenhout
Grimbergen
Wemmel
Asse
Denderleeuw
Affligem
Ternat
Liedekerke
Ninove
Dilbeek
Roosdaal
Brussel National
Zaventem
Sterrebeek
Bertem
Tervuren
Gooik
Gaasbeek
St-Pieters-
Leeuw
BRUSSEL
BRUXELLES
Ruisbroek
Beersel
Overijse
Heikruis
Halle
St.-Genesius-Rode
Rhode-St-Gen.
Huizingen
Wavre
Enghien
Waterloo
la Hulpe
Tubize
Braine
Braine
Ottignies-
Louvain-la-Nve.
Butte du Lion
Haut-Ittre
Braine-le-Comte
Court-St.
Etienne
Nivelles
Ecaussinnes-
d' Enghien
Gembloux
les
Quatre Bras
Naast
Seneffe
Sombreffe
le Rœulx
LA LOUVIÈRE
Fleurus
Strepy-
-Bracquegnies
Chapelle-
-lez-Herlaimont
COURCELLES
Charleroi
(Brux. Sud)
JUMET
Wanfercée-
Baulet
Tamines
Auvelais
Binche
Anderlues
CHARLEROI
Givry
Merbes-
-Ste. Marie
MARCINELLE
Abb. d' Aulne
COUILLET
CHÂTELET
Fosses-
-la-Ville
Erquelinnes
Gozée
Thuin
Sambre
Jeumont
Nalinnes
Gerpinnes
Mettet
10 km

Zundert
117
Meerle
Baarle-Nassau
Hilvarenbeek
Meer
Poppel
Middelb
Wuustwezel
Loenhout
Hoogstraten
Weelde
Brecht
Rijkevorsel
Merksplas
E19
St. Job
Westmalle
Oostmalle
Beerse
Turnhout
Reusel
Arendonk
Zoersel
E34
Turnh. Centrum
T.-Oost
Retie
Postel
Ranst
Grobbendonk
Lichtaart
Kasterlee
Herentals West
Herentals
Herentals Oost
Geel
Mol
Balen
Nijlen
Lier
Her.-Industriezone
Herenthout
Olen
Tongerlo
Geel West
Meerhout
Léopoldsburg
Kwaadmechelen
E313
Westerlo
Geel Ost
Vorst
Heist-op-den-Berg
Putte
Veerle
Beverl
Herselt
Tessenderlo
Beringen
Keerbergen
Averbode
Paal
Beringen/Paal
Aarschot
Scherpenheuvel
Lummen
Diest
Wezemaal
E314
Bekkevoort
Halen
Herent
Holsbeek
Wilsele
Hageland
Kermt
Leuven
St. Joris-Winge
Geetbets
Hasselt Zuid
Nieuwerkerken
Haasrode
Boutersem
Zoutleeuw
Tienen
Orsmaal-Gussenhoven
St. Truiden
Hamme-Mille
Hoegaarden
Rijkel
Grez-Doiceau
Landen
Gelmen
Heers
Chaumont-Gistoux
Hélécine
Lincent
Walshoutem
Jodoigne
Orp-le-Grand
E40
Corroy-le-Grand
Berloz
Thorembais-Saint-Trond
Jauche
Waremme
Gr. Rosière
Hottomont
Hannut
122

Best
Son en
Breugel
Kanaal
Helmond
Venray
Venray-Noord
Kn. Batadorp
EINDHOVEN
Geldrop
Deurne
Ysselsteyn
Soldaten-
Begraafplaats
Kn. Leenderheide
Eersel
Knooppunt De Hogt
Heeze
Asten
Someren
Liessel
NEDERLAND
Leende
Valkens-
waard
Maarheeze
Budel
Nederweert
Meijel
Helden
Maas-Schwalm-
Nette-Route
Boshoven
Hamont
Neerpelt
Overpelt
Weert
Roggel
Kelpen
Haelen
Swalmen
Beegden
Ittervoort
Grathen
Kaulille
Peer
Bree
Thorn
Roer-
mond
Maas-
bracht
Kinrooi
Aldeneik
Meeuwen
Neeroeteren
Maaseik
Montfort
Gruitrode
Echt
Roosteren
Houthalen-
Helchteren
Houthalen-
Zonhoven
Opglabbeek
Dilsen
Susteren
Waldfeucht
As
Self-
kant
Saeffelen
Sittard
Zonhoven
Genk-Noord
Genk-Oost
Maas-
mechelen
Urmond
Gangelt
Bokrijk
Genk
Stein
Geleen
Brunssum
Hasselt
Albertkan.
Zutendaal
Maasmechelen
Schinnen
Diepenbeek
Beek
Hoensbroek
Kn. Ten Esschen
Maastricht-
Aachen
Lanaken
Meersen
Heerlen
Bilzen
Hoeselt/
Bilzen
Kruisdonk
Valken-
burg
Hoeselt
Maastricht
Kn. Europaplein
Kerk-
rade
Alden
Biesen
Wittem
Kn. Bocholtz
Borgloon
Eben-
Emael
Margraten
Riemst
Tongeren
Rijckholt
Eisden
AACHEN
Moelingen
Visé
Vaals
Fexhe-
Slins
Haccourt
Voeren
10 km
LIÈGE

Im Register sind alle in diesem Führer erwähnten Orte und Ausflugsziele verzeichnet. Halbfette Seitenzahlen verweisen auf den Haupteintrag, kursive auf ein Foto.

Schreiben Sie uns!

Liebe Leserin, lieber Leser,

wir setzen alles daran, Ihnen möglichst aktuelle Informationen mit auf die Reise zu geben. Dennoch schleichen sich manchmal Fehler ein – trotz gründlicher Recherche unserer Autoren/innen. Sie haben sicherlich Verständnis, dass der Verlag dafür keine Haftung übernehmen kann. Wir freuen uns aber, wenn Sie uns schreiben.

Senden Sie Ihre Post an die MARCO POLO Redaktion,
Mairs Geographischer Verlag, Postfach 31 51, 73751 Ostfildern,
marcopolo@mairs.de

Impressum

Titelbild: Grote Markt in Antwerpen (M. Thomas)
Fotos: R. Freyer (4, 30, 40, 41, 45, 68, 100); HB Verlag: Kiedrowski (92); I. Knigge (2 u., 20, 51); Mauritius: Hubatka (2 o.); M. Thomas (U l., U. M., U r., 1, 5 l., 5 r., 6, 7, 9, 11, 12, 14, 16, 18, 21, 22, 24, 25, 26, 27, 28, 31, 35, 37, 42, 48, 50, 52, 56, 58, 60, 63, 65, 66, 67, 70, 71, 74, 75, 76, 83, 85, 86, 89, 90, 94, 96, 99, 113)

Herausgeber: Ferdinand Ranft, Chefredakteurin: Marion Zorn
Redaktion: Corinna Walkenhorst, Bildredaktion: Gabriele Forst (Leitung), Carmen Kubitz
Kartografie Reiseatlas: © Mairs Geographischer Verlag/Falk Verlag, Ostfildern
Gestaltung: red.sign, Stuttgart
Sprachführer: in Zusammenarbeit mit dem Ernst Klett Verlag GmbH, Stuttgart, PONS Wörterbücher

Printed in Germany. Gedruckt auf 100% chlorfrei gebleichtem Papier

Bloß nicht!

In Flandern muss man nicht mit Betrug oder Diebstahl rechnen – für Unannehmlichkeiten sorgen meist die Touristen selbst

Den guten Ton verfehlen

Flamen gehen gern zum Essen aus. Die Gerichte sind zwar meist relativ teuer, dafür aber gut zubereitet. Holländer und Deutsche gelten allerdings häufig als laut und arrogant und fallen unangenehm auf durch die Angewohnheit, alles auf den Cent genau nachzurechnen und aufzuteilen. Wenn man mit mehreren Personen essen geht, sollte man sich also lieber vorher einigen, wer die Zeche zahlt. Die Flamen freuen sich, wenn es Besuchern aus anderen Ländern in ihren Cafés gefällt. Wenn auch Sie zufrieden sind, seien Sie großzügig mit dem Trinkgeld: Runden Sie den Rechnungsbetrag auf. Vergessen Sie auch nicht, beim Ausgehen auf Ihr Äußeres zu achten. Die Flamen mögen den Kompromiss zwischen Eleganz und Lässigkeit.

Dieben das Handwerk erleichtern

Auf den Bahnhöfen und in den internationalen Zügen – nach Amsterdam oder Paris – ist besondere Vorsicht geboten: Achten Sie immer auf Ihr Gepäck und im Gedränge auf Ihre Geldbörse.

Gottesdienste stören

Die Kathedralen und Kirchen in Flandern sind nicht nur Museen, sondern werden von Gläubigen zum Gebet und Gottesdienst aufgesucht. Respektieren Sie bitte die abgesperrten Seitenschiffe und Kapellen. Angemessene Kleidung ist empfehlenswert, blitzende Kameras sind verständlicherweise nicht erwünscht.
Es ist üblich, für die Erhaltung der Kirchen Geld in die Spendenkästen zu werfen.

Handeln oder feilschen

In Flandern werden Sie Anbiedern oder Feilschen in Geschäften oder auf Märkten kaum erleben. Den meisten Flamen liegt es fern, Besucher zu übervorteilen. Lediglich beim Einkauf auf Flohmärkten oder in Antiquitätenläden lohnt es sich, über den Preis zu sprechen.

Randalieren

Zahlreiche Touristen machen auf ihre eigene Weise nicht nur die Terrassen und Lokale, sondern auch die Märkte unsicher. Es kommt regelmäßig vor, etwa in Antwerpen auf dem »Vogelmarkt«, dass Ausländer außer Kontrolle geraten – was die Einheimischen natürlich ärgerlich werden lässt. Die Flamen führen solche Erscheinungen auf ihr starkes Bier zurück, das zwar gut schmeckt, es aber ziemlich »in sich hat«.